발길 닿는 곳곳마다

평화의 불

수놓다

발길 닿는 곳곳마다
평화의 불 수놓다

1판 1쇄 발행 | 2017년 1월 23일

지은이 | 선묵혜자
촬 영 | 배성호 · 노각현 · 홍찬문
펴낸이 | 김경배
펴낸곳 | 시간여행
편 집 | 이진의
홍 보 | 강민정
본문 디자인 | 디자인 [연:우]

등 록 | 제313-210-125호 (2010년 4월 28일)
주 소 | 서울시 마포구 토정로 222 한국출판콘텐츠센터 419호
전 화 | 070-4032-3664
이메일 | sigan_pub@naver.com

종 이 | 엔페이퍼
인 쇄 | 한영문화사

ISBN 979-11-85346-37-3   (03220)

이 도서의 국립중앙도서관 출판예정 도서목록(CIP)은 서지정보유통지원시스템 홈페이지
(http://seoji.nl.go.kr)와 국가자료 공동목록시스템(http://www.nl.go.kr/kolisnet)에서
이용하실 수 있습니다. (CIP제어번호 : CIP2016024018)

선묵혜자 지음   촬영 / 배성호 노각현 홍찬문

발길 닿는 곳곳마다

평화의 불

수놓다

시간
여행

평화의 불

선묵혜자

붓다가 첫발을 내딛은
룸비니 동산에서
인류평화를 위해 타오르던 그 평화의 불.

히말라야 설산(雪山)과 티베트
중국의 혜초 돈황굴
타클라마칸의 거친 사막과 서해바다
수천 수만리를 걷고 걸어서
마침내 그대가
임진각 평화누리 광장에 환히 밝혔네.

푸른 산과 산이 대치하고
푸른 강과 강이 대치하고
이념의 또 다른 총부리를 겨누고
우리는 정녕 가슴과 가슴으로만
바라보고 그리워해야만 하는가.

그대가 가슴에 안고 온 평화의 불은
붓다의 자비의 불꽃이며
우리의 간절한 염원이었네.

이젠 깊은 적막의 밤과
오랜 분단의 벽을 뛰어 넘어
얼어붙은 우리의 마음을
환히 밝혀 주소서.

책을 펴내며

폭력·대립·갈등·전쟁….

인류의 역사와 함께한 굴레이자 풀어야 할 우리의 과제이다. 이 굴레는 아직도 세계 곳곳을 고통과 참혹함에 몰아넣고 있다. 세계는 지금 3일에 한 번씩 전쟁을 치르고 있다고 한다. 누구나 대립의 역사를 멈춰야 한다는 것을 알고 있다. 수많은 석학과 정치가, 종교인들이 이를 위한 해법을 찾고자 노력했으나 갈등과 혼란은 점점 더 큰 검은 입을 벌리고 있는 형국이다. 이러한 전쟁과 대립은 한반도도 예외는 아니다.

2013년 한국전쟁 정전 60년을 맞아 '평화(平和)의 길' 개척에 나섰다. 부처님 탄생 성지 룸비니에서 타오르고 있는 평화의 불을 이운(移運)하기 위해서이다. 1,300년 전 혜초(慧超) 스님이 첫 설렘을 안고 떠났던 '구법(求法)의 길'을 따라 다시 걸었다. 남북의 평화와 통일, 세계의 평화를 발원하면서…….

108산사순례기도회는 월악산 덕주사 순례에서 평화의 불 원만 이운(移運) 법회를 열고 실행에 옮기기 위해 네팔 카트만두로 향했다. 룸비니 동산에서 채화(採火)를 하여 네팔 란바람 야바다 대통령으로부터 평화의 불을 공식적으로 이운받았다. 평화의 불은 히말라야를 넘어 시가체, 장체, 라싸, 거얼무,

신장의 카슈가르, 호탄, 타클라마칸 사막, 쿠차, 우루무치. 투루판, 둔황, 막고굴, 난주, 시안, 청도를 거쳐 새로운 '평화의 길'을 개척했다. '평화의 길' 위에서 분쟁과 갈등 지역에 사는 사람들의 기도와 염원 또한 담았다.

인류 평화의 메시지를 가슴에 간직하고 구법의 길을 걸어온 평화의 불은 한반도에서 그 여정(旅程)을 마쳤다. 그 마지막 도착지는 남북의 평화통일과 화해이다. 한반도 분단 장소인 임진각 평화누리 광장에서 '분단의 벽을 넘어 평화를 꿈꾸다'라는 주제로 한반도 평화 정착과 통일을 위한 대법회를 열고, 2만km를 달려온 밝히는 행사를 가졌다. 청담(靑潭) 대종사님의 원력이 살아 숨 쉬는 호국참회도량 삼각산 도선사에도 평화의 불을 점화(點火)했다. '108산사순례기도회' 순례에서는 조선 제6대 임금 단종의 애사(哀史)가 서려 있는 영월 보덕사에 첫 분등(分燈)을 했다. 이후 한반도 곳곳과 중국, 미얀마 등에 평화의 불을 밝히고 있다.

이번에 발간되는 《발길 닿는 곳곳마다 평화의 불 수놓다》는 석가모니 부처님 탄생 성지인 룸비니에서부터 혜초(慧超) 스님이 걸었던 '구법의 길'을 역으로 순례하였다. 평화의 불을 모시고 온 과정을 전하면서 독자의 이해

를 돕기 위하여 KBS TV 특집 〈룸비니에서 DMZ까지 평화를 수놓다〉 다큐
멘터리 팀의 사진을 곁들였다.

평화의 불 이운은 불교의 평화사상 의미를 되새겨보고 새로운 '평화의
길'을 개척하며 진리와 평화를 찾고자 하는 고난의 여정이다.

구법승(求法僧)들이 생사(生死)를 넘나드는 어려운 역경을 헤치고 진리를
구하기 위하여 떠난 서역의 길을 이러한 염원과 깊은 뜻을 마음에 새기고
지나 한반도에 도착했다. 남북 간의 갈등, 이념간의 대립, 계층·세대 간의
불화 등으로 혼란스러운 국민들의 정신에 한 줄기 평화와 화합의 불로 서
광(瑞光)을 비추고자 했다.

평화의 불 한국 이운은 한반도 정전 60주년을 기념해 남북의 평화 정착과
통일을 발원하는 의미를 담고 있다. 나날이 골이 깊어지는 남북한 대치상
황 평화적으로 해결하고자 하는 염원, 세계는 하나라는 사상도 있다. 덧붙
여 도를 더해 가고 있는 물질만능의 폐해 속에서 부처님의 자비사상과 원
융화합(圓融和合)을 통해 평화를 담보해내고자 했다.

《발길 닿는 곳곳마다 평화의 불 수놓다》가 나오기까지 사진을 협조해 주

시고 여정을 함께한 KBS 다큐멘터리 〈룸비니에서 DMZ까지 평화를 수놓다〉 제작진, 스카이픽쳐스 이지훈 PD님, 그밖의 관계자분들께도 고마운 마음을 전한다. 평화의 불을 찾고자 했던 인류의 평화와 문화 메시지를 확인하고, 함께 어울리며 더불어 공존하는 것은 인간의 이기적인 욕망이 아니라 조화로운 평화임을 깨닫는 계기가 되었으면 한다.

108평화보궁 수락산 도안사에서

禪黙 慧慈

목차

책을 내며 · 6

1장
룸비니 동산에서
평화의 불을
이운키로 하다

평화를 꿈꾸며 원력을 세우다 · 23

대립과 갈등이 사라지길 기원하다 · 26

평화의 불 이운 테마는 통일이다 · 30

구법의 길에서 찾은 메시지는 평화다 · 34

난관과 역경, 슬기롭게 극복하다 · 37

코이랄라 수상의 배려에 감사하다 · 43

불(佛)사리 봉안 탄생불 기념비를 세우다 · 47

108선혜(禪慧) 초등학교를 방문하다 · 53

평화의 불을 처음 접하다 · 56

기나긴 여정이 시작되다 · 64

룸비니 동산에서 평화를 담다 · 68

평화의 불을 채화하다 · 73

평화의 불을 공식적으로 전달받다 · 81

2장
평화의 불,
갈등지역에 운거하다

평화가 간절한 티베트로 향하다 • 93

대자연의 경이로움에 사로잡히다 • 97

성지(聖地)에서 갈 길을 재촉하다 • 100

간절하게 평화를 기원하다 • 105

신(神)들의 영역, 하늘길을 달리다 • 108

중국 서쪽 끝, 카슈가르에 서다 • 112

신장 위구르에서 이슬람 사원을 방문하다 • 117

침묵 속에 흐르는 갈등을 보다 • 120

평화가 사라진 지역에 서다 • 123

타클라마칸 사막에서 감회에 젖다 • 126

무한한 시간과 공간은 소리를 내지 않는다 • 131

구마라습(鳩摩羅什)의 채취를 느끼다 • 136

세계의 지붕 파미르를 가다 • 142

분쟁의 땅에서 평화를 만나다 • 146

뜻밖의 진객(珍客)을 만나다 • 148

평화가 가득한 가정을 방문하다 • 152

세계에서 가장 높은 국경을 가다 • 155

3장
평화의 불,
평화의 길을 개척하다

척박한 땅에서 풍요를 보다 • 164

번뇌의 지역에서 스스로를 되돌아보다 • 167

생주이멸(生住異滅)의 진리를 보다 • 170

덧없는 세월에 역사의 흔적만 남다 • 175

사막의 도시에 문화를 꽃피우다 • 179

또 하나의 화약고 우루무치를 가다 • 183

실크로드의 오아시스, 둔황이다 • 185

실크로드의 기착지 난주에 도착하다 • 190

보은사에서 평화의 불을 초청하다 • 192

평화의 불 분등(分燈)을 이어가다 • 196

서안에서 혜초(慧超) 스님을 만나다 • 200

세월의 무상함을 느끼다 • 205

형제 사찰 법문사에 도착하다 • 209

법문사와의 인연을 이어오다 • 212

스촨성 지진 희생자를 추모하다 • 221

용문석굴의 매력에 빠지다 • 226

호국(護國)의 참의미를 생각해 보다 • 230

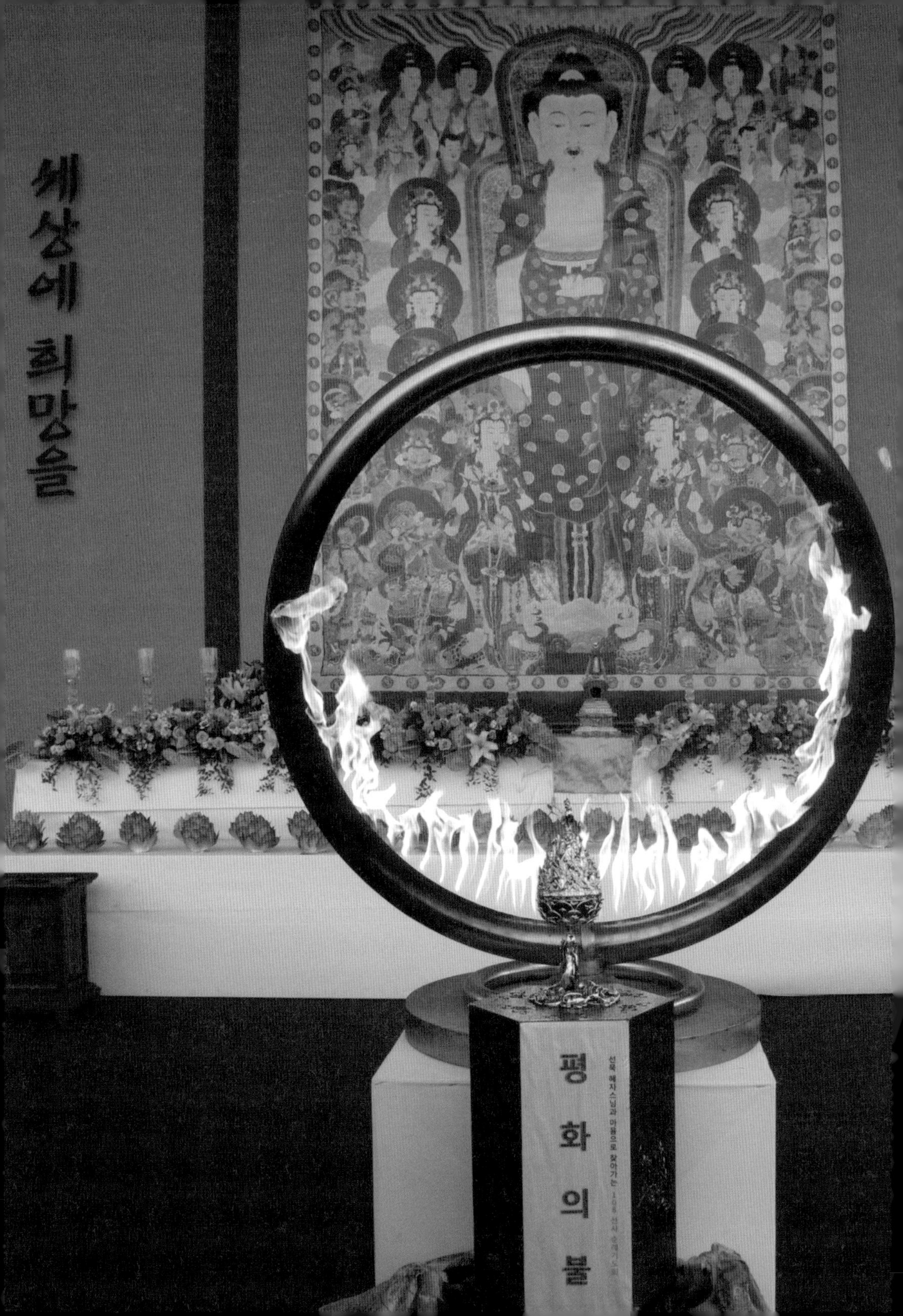
세상에 희망을
평화의 불
선묵 혜자스님과 마음으로 찾아가는 108 산사 순례기도회

4장
평화를 기원하는 사람들

동토의 땅 북녘으로 가길 기원했다 • 240

진한 아쉬움을 가슴에 묻다 • 243

평화의 불 한반도에 도착하다 • 245

또 한 번의 기적이 일어나다 • 247

임진각에서 평화의 불이 타오르다 • 250

한국문화재단 박보희 이사장에게 감사하다 • 254

반기문 유엔사무총장의 축하 메시지 • 256

평화의 불 '일심광명'으로 답하다 • 258

도선사에 평화의 불을 봉안하다 • 262

한반도의 중심에 평화의 불을 밝히다 • 265

최전방 군법당에 평화의 불을 밝히다 • 275

평화 속에 평안히 잠들길 기원하다 • 278

철책선 너머로 평화가 전해지길 기원하다 • 282

108평화보궁 도안사에 안착하다 • 285

평화의 불 이운 의의와 이운 경과 • 290

부록 • 평화의 불 봉안처 둘러보기 • 300

책을 마치며 • 321

촬영 후기 • 323

1장

룸비니 동산에서
평화의 불을
이운키로 하다

부처님 탄생 성지 룸비니에는 평화의 불이 항상 타오르고 있다. 이 불은 네팔 히말라야 산기슭에서 자연적으로 발생하여 3,000년 동안 타오르고 있는 '영원히 꺼지지 않는 불'과, 세계 53개국의 불이 합쳐져 미국 뉴욕 유엔본부에서 타오르고 있는 평화의 불을 합한 것이다. 꺼지지 않는 진리를 설파한 부처님의 가르침을 상징하는 의미도 있다. 평화의 불은 UN이 정한 세계 평화의 해인 1986년 11월 1일, 네팔 가넨루러 비터 왕세자가 세계 평화를 기원하기 위해 점화했다. 전 세계 유엔 가입국들 사이에 이 평화의 불은 자비와 평화의 화신(化身)으로서 세계평화와 화합에 대한 기원을 담아 영원히 꺼지지 않고 타오를 것이다.

이 평화의 불은 네팔의 룸비니 평화공원 제단에서 관리하는데, 지난 2013년, 108산사순례기도회의 정성에 감동했는지 그들은 불씨를 한국에 처음으로 나누어 주기로 했다.

평화를 꿈꾸며 원력을 세우다

혹자는 인생을 두고 먼 길을 떠나는 여행이라고 한다. 그 길에는 수많은 고난과 역경이 교차하기 마련이다. 옛 스님들이 죽음을 무릅쓴 위법망구(爲法忘軀)의 구법순례를 떠난 데에는 부처님의 진리를 몸으로 체험하여 평화사상을 널리 펴겠다는 원력이 있었다.

'선묵혜자 스님과 마음으로 찾아가는 108산사순례기도회'의 9년간의 대장정 또한 구법의 순례이며 수행과 '평화의 길'이라 할 수 있다. 비가 오나 눈이 오나 더우나 추우나 단 한 번도 빠짐없이 9년 동안 순례길을 떠났었다. 순례의 길 마음속에는 각자 세워 둔 간절한 원력(願力)을 가슴속에 담아두고 있었다. 또한 나라의 안정과 사회의 평화 그리고 남북의 평화통일을 기원하면서 더불어 북녘에 있는 금강산 신계사, 묘향산 보현사, 정방산 성불사, 대성산 광법사 등도 순례하여 108염주를 완성하는 일이었다. 이 원력은 108산사순례기도회를 시작했을 때나 지금이나 결코 변함이 없다.

근래의 수년 간 남북관계는 걷잡을 수 없이 악화하여 바람 부는 날 등불처럼 위태롭다. 평화를 펼치는 수행자로서 국민의 한 사람으로서 무엇인가를 해야 한다는 생각에 이르렀다. 그래서 네팔 룸비니 유네스코 지역 평화 공원에서 활활 타오르고 있는 평화의 불을 한국으로 이운하여 한반도의 평화 정착과 통일에 기여해야겠다는 결심을 하게 되었다.

2013년 한반도의 중심 월악산 덕주사 순례 때 "부처님의 가호와 평화와 자비심으로 병고액난과 다툼 그리고 시기 질투를 멀리하고, 우리 민족이 하나가 되고 인류는 불행을 여의고 행복을 성취하기를 발원합니다."라고 평화의 불이 원만하게 이운되기를 발원했다. 당시 평화의 불 원만 한국 이운 발원문을 읊자, 일원상 무지개가 서쪽하늘에 둥그렇게 떠올랐다. 그것은 평화의 불 이운 결심을 더욱 다지게 하는 계기가 되었다.

2013년 4월, 108산사순례기도회 회원 108명은 평화의 불 이운을 위해 네팔 카투만두로 향하는 대장정의 첫발을 내디뎠다. 이 역사적인 행사를 취재하기 위해 KBS TV 다큐멘터리 팀, 조선일보를 비롯 중앙일간지. 불교신문과 교계언론사, 각 잡지사, 현지 언론사 등 기자 60여 명도 함께했다. 인천공항을 떠난 비행기가 카트만두 공항에 내리자 더위와 습기가 몸을 덮쳤다. 하지만 네팔 정부 관료들과 국민들은 이 장엄한 행사를 위해 아시아의 동쪽 나라인 한국에서 온 순례자들을 환영하기 위해 기다리고 있었다.

대립과 갈등이 사라지길 기원하다

올해로 정전 64년을 맞는 한반도는 여전히 대립과 갈등의 굴레에서 벗어나지 못하고 있다. 잠시 전쟁을 쉬고 있을 뿐이다. 오늘을 살아가는 우리들에게 평화는 결코 오지 않을 무지개 너머의 꿈인 것일까?

그 옛날 젊은 수행자가 한반도에서 부처의 진리를 찾고 마음의 평화를 얻기 위해 천축(天竺)으로 떠난다. 그 젊은 수행자는 신라국 혜초 스님이다. 스님은 723년 천축에 도착한 후 부처님의 체취가 스민 곳곳을 순례했다.

혜초 스님이 지나온 이 길은 부처님의 진리를 구하고자 하는 '구법(求法)의 길'이었다. 그리고 2013년 평화의 불을 안고 온 길은 '평화(平和)의 길'이라 이름 붙여졌다. 왜냐하면 공교롭게 이곳은 인도와 파키스탄, 중국과 티베트, 중국과 신장 위구르 등이 대치하는 지역이었고 이들 분쟁지역을 거치며 평화의 불을 밝히고 평화를 수놓았기 때문이다. 평화의 불을 밝히고 걸어온 '평화의 길'에서 만난 각 지역의 사람들은 인류 평화와 자신들의 염원을 담아 기도했다. 그리고 하루빨리 갈등과 대립, 전쟁 등이 종식(終熄)되

룸비니 동산에서 평화의 불을 채화하다

기를 발원하였다.

　그렇다면 지금 우리에게는 '평화의 길'이 어떤 의미일까? 세계 평화와 지구촌 유일한 분단국가인 한반도의 평화통일을 위해 '선묵혜자 스님과 마음으로 찾아가는 108산사순례기도회'의 회원 108명의 불제자들은 세계의 영산 히말라야에서 타오르고 있는 영원의 불과, 미국 뉴욕 유엔본부에서 가셔온 불씨를 합쳐 네팔의 룸비니 동산 마야데비 앞에 밝혀진 평화의 불을 채화(採火)하기로 했다. 마야데비 사원에서부터 한국까지, 세계평화와 남북

의 평화통일을 기원하며 혜초 스님이 걸어온 길을 평화의 불을 밝히며 순
례하고자 하였다.

룸비니에서 구법의 길을 따라 가져 온 평화의 불이 한반도에 안착한 곳은
정전 60년을 맞는 한반도의 DMZ였다. 남북의 평화통일을 염원한 불자들
은 그곳에서 평화의 불이 전하고자 하는 메시지를 인류에 던져 주었다.

2013년 평화의 불이 가지는 의미를 되새기며 새롭게 쓰는 《신왕오천축
국전(新往五天竺國傳)》은 1,300년 전 '구법의 길'에서 다시 평화의 진리를 찾
고자 하는 것이었다. 고난의 여정을 거쳐 인류가 지향하는 평화와 화합의
의미를 새롭게 담아내고자 했던 것이다. 이것이 바로 앞으로 인류가 가야
할 '평화의 길'이자, 평화의 불이 가지는 의미이다.

평화의 불 이운 테마는 통일이다

부처님의 가르침이 중국을 거쳐 한반도에 전래된 지 1,700여 년의 세월이 흘렀다. 그 동안 불교는 이 땅의 중생들과 흥망성쇠를 함께하며 민족 정서로 자리매김했다. 그러나 급격한 산업화와 개인주의의 확대는 기존의 가치관을 무너뜨리며 지역·이념간의 첨예한 분열과 갈등을 조장하였다.

현재 한반도는 동서와 남북은 물론 계층·세대 간의 갈등으로 불안한 시간이 계속되고 있다. 특히 북한의 전쟁 도발 발언과 움직임은 국민들의 마음을 불안하게 하여 평화 정착과 남북한 화해가 절실히 요구되고 있다. 이에 대한 해결책은 부처님의 평화사상과 자비정신을 한반도에 널리 펼치는 것이다. 남북이 소통하고 화합하여 평화로운 통일이 이룩되기를 발원하고 이를 위해 우리가 하여야 할 일이 무엇인지 고민했다. 부처님 탄생 성지인 네팔 룸비니 동산에서 불타오르고 있는 평화의 불을 한국으로 이운하여 평화의 사상을 널리 펴는 것이 하나의 길이라 생각했다.

평화의 불 이운의 중요한 테마는 평화와 통일이다. 단순한 운반과 이동이 아니라 이 평화의 불이 지나가는 길마다 의미를 찾아내고 그 길에서 만난 다양한 문화와 사람들을 수용하여 평화의 불 자체로 상징성을 갖게 하는 것이 중요했다. 혜초 스님이 걸어왔던 인도와 파키스탄, 중국과 티베트, 신장 위구르 지역은 지금 갈등을 빚고 있는 곳이었다. 평화의 불이 이운되는 '평화의 길'은 이 분쟁 지역들을 통과한다. 이들 국경지역

에서 갈등으로 어려움을 겪고 있는 사람들에게 전달될 평화의 불은 어떤 의미가 있을까? 이들의 염원과 기도를 평화의 불에 담고자 했다. 더 많은 사람들의 염원과 기도를 담는다면 그 의미가 커지리라 생각했다.

한반도 정전 64년, 그 어느 때보다 한반도의 평화에 대하여 고민이 많은 시기이다. 세계의 화약고 한반도에서 평화의 불은 북한 땅을 밟을 수 있을까? 평화의 불이 압록강을 건너 북한을 통해 남한으로 들어올 수 있다면 그 가치는 더할 나위가 없다고 생각했다. 이것이 평화의 불을 이운하며 머릿속에 떠나지 않았던 화두(話頭)였다.

룸비니 동산에서 평화의 불을 채화하다

● 구법의 길에서 찾은 메시지는 평화다

《왕오천축국전》은 혜초 스님이 723년부터 727년까지 5년 동안 천축국과 페르시아와 중앙아시아 등 서역지방을 기행하고 쓴 여행기다. 혜초 스님은 723년 신라의 수도 경주를 출발하여 뱃길로 중국 광저우를 거쳐 인도에 도착했다. 귀로(歸路)는 육로로 페르시아와 중앙아시아를 거쳐 당(唐)의 수도 장안(시안)까지 2만km를 여행한 기록을 《왕오천축국전》에 담았다.

《왕오천축국전》은 한국인이 쓴 최초의 해외 여행기로 8세기 인도와 중앙아시아의 정치, 경제, 문화, 풍습 등을 생생히 담고 있다. 이는 현장(玄奘) 스님의 《대당서역기》, 마르코 폴로의 《동방견문록》, 이븐 바투타의 《여행기》와 함께 세계 4대 여행기로 꼽힌다. 무엇보다 《왕오천축국전》에 쓰인 용어는 마르코 폴로나 중국의 기록보다 5백년이나 앞선 기록으로 평가받고 있다.

《왕오천축국전》은 1908년 3월 프랑스의 탐험가 펠리오가 둔황 막고굴 장경동에서 발견하면서 세상에 알려졌다. 하지만 곧바로 프랑스 국립도서관에 보내져 우리에겐 2011년에 처음으로 공개됐다. 문화는 인류의 삶을 담고 시대를 반영한다. 그것
은 소멸되는 것이 아니라 세
월과 함께 겹겹이 쌓여 오늘
을 투영한다. 과거의 유적은
그 시대의 고민과 철학을 담
고 있다. 이는 현재의 혼란과
갈등을 해소하는 중요한 열쇠가 될 수도 있는 것이다. 이것이 혜초 스님의
《왕오천축국전》을 지금 다시 보고 새로 《신왕오천축국전》이라 할 만한 이
책을 쓰는 의미다.

　과연 혜초 스님이 지나온 그 길 위에는 무엇이 있었을까? 혜초 스님은 2만
km의 여정 속에서 무엇을 찾으려 했고, 무엇을 얻었을까? 마지막 분단지
역 한반도에서 온 한 수행자로서 혜초 스님이 걸어 온 길에서 진정한 평화
를 몸으로 느껴보고 싶었다.

　《왕오천축국전》에 기록된 내용들을 기반으로 1,300년 전 혜초 스님이 바
라본 '구법의 길'과 그 길에서 얻은 가르침을 되짚어 보려 했다. 잃어버린
우리 문화유산을 지키고 알려 평화가 정착되기를 바라는 중요한 작업이라
고 생각했다.

　'구법의 길'에 오른 구법승(求法僧) 혜초 스님과 《왕오천축국전》이 지금 우
리에게 던지는 메시지는 '평화'일 것이다.

● 난관과 역경, 슬기롭게 극복하다

네팔 룸비니와 108산사순례기도회의 인연은 이번이 처음이 아니다. 지난 2008년 부처님의 진신사리를 부처님 고향에 이운하기 위해 스님 10여 명, 108산사 회원 300여 명과 함께 네팔을 방문한 일이 있다. 석가모니 부처님 탄생 성지인 룸비니에 평화의 씨앗을 심고자 발원한 일이었다.

하지만 일이 성사되기까지는 여러 가지 어려움이 있었다. 당시 네팔은 왕정(王政)이 무너지고 내전(內戰)으로 조용할 날이 없었다. 한국 정부의 간곡한 자제 요청과 당시 대한불교조계종 총무원장 지관 큰스님의 만류가 이어졌다. 정보기관에서 협박조로 나올 만큼 어려운 상황이 이어져 결정이 쉽지만은 않았다.

반면 네팔 정부는 "300명이라는 대규모 부처님 성지 순례단이 네팔에 오는 것은 처음"이라며 어떻게 하든 순례단을 유치하려 했다. 네팔의 입장에서는 거듭된 내전으로 관광객이 급감하고 있었다. 그래서 한국 룸비니 순례단을 통해 네팔이 안전한 나라임을 세계에 홍보하고자 했다. 결국 순례

단을 공식 초청한 네팔 정부가 안전 문제를 책임지겠다는 약속을 했다.

네팔 정부의 안전보장 약속과 부처님 가호를 믿고 신행단체로는 처음으로 특별 전세기로 네팔을 향했다. 두근거리는 가슴으로 7시간 동안 하늘을 날아 네팔 수도 카트만두에 도착했다.

네팔 측은 환영행사는 물론 순례단의 안전에 만전을 기하는 모습이었다. 네팔 불교계 최고 지도자인 촉기 님마 링포체 스님과 네팔 문화부 장관이 공항에 나와 국빈에 해당하는 영접을 해주었다. 공항에서부터 네팔 전통악기를 불며 환영 퍼레이드도 펼쳤다. 시내 곳곳에 현수막과 대형 아치가 설

치되고 불교기와 태극기가 게양되어 있었다.

카트만두에서 하룻밤을 보낸 108산사순례기도회 순례단은 아침 6시 룸비니 동산으로 향했다. 하지만 부처님 진신사리를 모시고 분쟁지역을 지나야만 했다. 정말 난관에 부딪친 것이다. 테라이 지역 거리에는 차량이 불타고 사람의 왕래가 없었으며 중무장한 군인들이 총부리를 겨누고 있었다. 그런데 신신사리를 모시고 온 한국 순례단의 방문에 양쪽 대표들은 대화를 통하여 평화의 악수를 나누었다.

"평화의 부처님이 2552년 만에 오시는데 우리가 이렇게 싸우면 되겠느냐? 부처님께서 지나가는 동안만이라도 휴전을 하자."고 하여 협상의 테이블에 앉게 되었다. 이로 인해 양측은 화해와 평화의 악수를 하게 되었고 내전이 종식되었다. 이를 고맙게 여긴 네팔 정부는 감사의 인사를 전하고 한국의 수행자에게 순례단을 대표하여 '평화훈장'을 수여하며 평화의 108산사순례기도회라고 칭찬을 아끼지 않았다.

네팔 군경의 특별경호를 받으며 카트만두에서 약 250km 떨어진 룸비니 동산으로 향했다. 한국에서는 2~3시간 길이지만 대부분 가파른 산길에 왕복 2차선 비포장 길이라, 버스는 12시간의 긴 여정 끝에 밤 11시가 되어서야 룸비니 동산에 도착했다.

룸비니에 있는 한국 사찰인 대성석가사에 도착하자마자 여장을 풀고 곧바로 룸비니 동산으로 이동해 '세계 평화기원 촛불 법회'를 봉행했다. 밤이 이슥한 룸비니 동산에는 손을 뻗으면 잡힐 듯이 밝은 별들이 총총히 빛났

다. 300명의 회원들은 마야 부인이 싯다르타 태자를 낳기 직전 몸을 씻었다는 연못을 중심으로 자리를 잡고 3,300여개의 발원(發願) 초에 불을 밝혔다.

3,300개의 촛불이 연못 주변을 환하게 밝히는 순간 300명의 순례객의 마음은 2,500년 전으로 돌아갔다. 법단이 마련된 보리수나무 아래와 3층 계단으로 조성된 연못이 별빛과 어우러져 장관을 이뤘다. 네팔 국립무용단은 부처님께 올리는 다섯 보살의 촛불 공양과 손동작으로 법문을 형상화한

'문수보살 춤'으로 분위기를 고조시켰다.

대성석가사에서 하룻밤을 보낸 순례단은 다음날 룸비니 동산으로 이동하여 '부처님 진신사리 이운 법회'를 봉행했다. 이날 이운된 진신사리는 부처님 열반 성지 쿠시나가르 열반당에서 봉양(奉養)받은 것이다. 부처님께서 당신의 고향인 룸비니 동산으로 돌아오다가 춘다의 마지막 공양을 받으시고 열반에 드신 지 2552년 만에 탄생지로 모셔온, 뜻깊은 일이었다.

부처님 진신사리 이운 법회에는 사하나 프라단 외무장관과 현지 주민 등 1,000여 명이 함께 했다. 순례단은 5,000명분의 대중공양과 양말 1만5천 켤레, 법회에서 모금한 보시금과 청담 중·고등학교에서 보시한 시계를 룸비니 보존회에 전달했다.

순례단은 히말라야 산이 보이는 포카라로 이동해 방생법회를 봉행했다. 포카라 페와 호수에서 6명씩 30척의 배에 몸을 실은 순례단이 방생법회를 하며 모든 생명체에 자유와 평화가 깃들기를 기원했다.

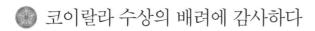 코이랄라 수상의 배려에 감사하다

　네팔 룸비니 동산에서 부처님 진신사리 이운 법회를 무사히 마친 후, 한국 순례단에 고마움을 느낀 코이랄라 수상이 "붓다가 2552년 만에 고향에 돌아온 것도 기쁜데, 평화의 마음까지 심어 주고 가니 고맙다."며 "108산사 순례기도회가 다녀간 곳에 기념비를 하나 세울 의향이 있느냐?"고 물었다.

그래서 망설임 없이 "네팔 정부가 땅만 주면 기념비를 세우겠다."고 했다.

수상은 각료 회의를 통해 유네스코 지역 안에 6,600m²(2000평) 규모의 땅을 한국의 '108산사순례기도회'에 제공하자고 제의했고 회의에서 아무런 이의 없이 통과되었다. 유네스코 세계문화유산으로 지정한 구역은 부처님 탄생지를 중심으로 99만m² 규모다. 이 중 6,600m²는 결코 작지 않은 규모였다.

코이랄라 수상이 이렇듯 큰 선심(善心)을 쓴 데는 부처님 진신사리 이운 한국 순례단의 안전을 위해 분쟁 중이던 네팔에 평화가 돌아왔기 때문이다. 한국 순례단이 부처님의 진신사리를 모시고 이운하는 동안에는 서로 화해를 하기로 했던 것이다. 코이랄라 수상은 "한국 순례단의 방문을 계기로 네팔이 진정한 평화를 찾았고 세계의 여행자들이 네팔을 다시 방문하게 되었다."며 고마워했다. 이러한 인연으로 부처님의 사리를 봉안하고 불(佛)사리 이운 탄생불 기념 석주(石柱)를 세울 수 있었다.

불사리 이운 탄생불 기념 석주에는 '불사리 이운 평화 기원 대법회'이라는 글귀가 새겨져 있다. 이렇듯 코이랄라 수상의 배려와 깊은 인연으로 룸비니 동산에 한국에서 세운 탄생불 기념 석주가 세워지고 평화의 불을 한국으로 이운할 수 있는 인연이 되었다. 이미 이 사바를 떠나 극락세계에 왕생하여 시방세계에 평화가 정착되기를 바라고 있을 고(故) 코이랄라 수상의 고마움과 배려를 생각하면 눈가에 촉촉이 이슬이 맺힌다.

🪷 불(佛)사리 봉안 탄생불 기념비를 세우다

2008년 건립이 결정된 탄생불 기념 석주가 완공된 것은 4년이 지난 2012년의 일이었다. 이 때에도 108산사순례 기도회와 함께 네팔을 찾았다. 인천공항에서 네팔 카트만두 트리부반 공항까지 7시간 내내 부처님의 나라에 자비와 평화가 넘쳐 양국이 친교를 갖는 기회가 되기를 일심기도(一心祈禱)했다.

네팔 공항에 도착하자 네팔 정부를 대표해 기알왕 드록바 링포체(네팔의 정신적 지도자)가 한국 순례단 일행을 환영해 주었다. 순례단은 곧바로 네팔 대통령궁으로 초대되었다. 네팔 대통령과의 면담에서는 "부처님의 나라에 평화의 불씨를 안고 방문해준 한국 불교도에게 감사한다."는 인사를 몇 번이나 받았다. 스바스 넴방 제헌국회의장은 국회회의장에서 직접 '공로훈장'과 감사패를 수여하며 고마움을 표했다. 4년 전에 '평화훈장'에 이어 '공로훈장'을 수여받은 것이다. 투스파카말다할 전 수상(룸비니국가개발진흥위원장), 고팔기라티 문광부장관 등도 순례단을 초청해 부처님 진신사리를 모시고 평화가 정착되기를 기원하는 기념비를 세우는 것에 대한 고마움을 표하고 감사패를 수여하였다.

2556년 만에 부처님 탄생 성지에 기념 석주와 탄생불을 모시고 그 안에 신신사리를 모시는 역사적인 일이다. 이번에 모시는 진신사리는 부처님 열반성지인 인도 쿠시나가르 열반당 수투파에서 1910년 출토된 것이다. 대열반사 주지 가네 쉬와르 스님에게 봉양받은 8과 가운데 3과를 탄생불 기념탑에 모시기로 한 것이다.

부처님의 진신사리를 봉양받아 한국에 온 후 108산사순례기도를 하며 부처님 탄생 성지에 모시겠다는 원력을 다졌다. 부처님께서 그토록 가시고자 했던 고향 룸비니에 부처님의 진신사리를 모시기로 한 것이다. 부처님의 염원을 뒤늦게나마 이뤄드리고자 했다. 그래서 4년 전 2552년 만에 부처님 진신사리를 모시고 네팔을 방문하였다. 당시 이 행사는 네팔과 국내외 언론, MBC TV 부처님오신날 특집방송 등을 통해 '2552년만에 이뤄진 부처님의 귀향(歸鄕)'으로 대중에게 알려졌다.

처음에는 진신사리 봉안 탄생불 기념탑에 진신사리 1과를 모실 생각이었다. 그런데 네팔 입국 3일 전 팔공산 수도사 108산사순례길에서 이틀간 3번의 상서로운 무지개가 수놓아져 3과를 모시기로 마음먹었다. 부처님 진신사리 봉안(奉安)과 탄생불 제막식을 하기 위해 룸비니 동산으로 가는 도중, 하

늘에서는 일원상의 상서로운 7색 광명이 수놓아져 환희심이 나기도 했다.

탄생불 기념비 제막식에 앞서 룸비니 동산 마야데비 사원 앞 호수에서 촛불법회가 열렸다. 기념비 제막식 직전에는 탄생불이 세워질 '한국-네팔 우정의 평화공원'에서 마야데비 사원까지 코끼리 등에 부처님 진신사리를 모시고 네팔 현지 전통악단, 티베트 스님들이 의식을 진행하는 가운데 이운식을 거행하여 역사적인 불사(佛事)의 서막을 알렸다.

와병(臥病)으로 3개월 만에 외부활동을 시작했다는 코이랄라 수상은 직접 카투만두에서 헬기를 타고 제막식에 함께했다.

"과거 갈등의 시기를 지나 결연히 앞으로 나아가는 시점에서 이 같은 한

국 순례단의 방문은 과거 우리의 위대한 유산과 평화와 비폭력, 동정심에 대한 보편적인 메시지를 다시 한 번 상기하게 만들었다."

진신사리 봉안 탄생불 기념비 제막식에서 네팔 정부는 한국 불교계에 감사의 뜻을 전하기라도 하듯 헬기를 동원하여 하늘에서 꽃비를 뿌리며 축하해 주었다. 네팔 TV와 3개 라디오 방송사에서는 1시간 동안 생중계하는 열의를 보였다. 탄생불 제막식이 원만히 회향되는 시점에는 20여 마리의 독수리가 상공을 선회하며 성스러움을 더했다.

불기 2556년 제막식을 가진 '불사리 봉안 탄생불 기념비'는 아쇼카왕 석주가 있는 마야데비 사원에서 직선거리로 1.3km 떨어져 있다. 룸비니 동산의 입구에 한국 석재로 조성된 1.5m의 탄생불은 4.5m 높이의 기념비 상단에 모셔졌다. 특히 108산사순례기도회가 탄생불을 세운 장소는 유네스코가 개발하는 룸비니 사원구역의 출입구이다. 부처님 탄생 성지 룸비니 순례자들은 반드시 거쳐야 하는 가장 핵심에 자리 잡고 있다. 이 자리는 네팔왕족의 기념비 건립 예정지였는데 왕정 붕괴 후 일본, 중국, 태국, 대만 등각국이 기념비를 세우려고 치열하게 로비를 펼친 곳이다.

'불사리 봉안 탄생불 기념비' 주변에는 부처님 탄생을 형상화한 조형물과 보리수나무, 진신사리 봉행기와 108산사순례기도회 여정을 새긴 석조물, 7천여 명의 회원명단 등이 함께 조성되었다. 이날 행사는 3,333개의 연등을 밝히고 봉행되었으며 불국정토를 연출했다. 대한불교조계종 총무원장 자승 스님이 치사를, 반기문 UN사무총장이 축하 메시지를 보내 주었다.

부처님 진신사리 봉안 탄생불 기념석주 건립, 평화의 공원 조성으로 108산사순례기도회는 한국 불교의 위상을 알림과 함께 부처님 탄생성지 장엄 불사에 일조해왔다. 이후 108산사순례기도회는 전통사찰 108평화보궁 수락산 도안사와 함께 룸비니 동산에 '한국의 종'을 조성하여 봉안하고자 원력을 세우고 종각과 범종 불사를 진행하고 있다. '한국의 종'은 세계평화와 남북의 통일에 대한 기원을 담았으며, 부처님 탄생성지 장엄 불사의 마무리라고 할 수 있다.

"원컨대 이 종소리가 온 허공에 두루 울려 퍼져 철책으로 둘러싸인 깊고 어두운 지옥이 다 밝아지고 지옥·아귀·축생의 업을 벗고 칼산 지옥도 모두 부서져서 모든 중생이 해탈케 하여지이다."라는 원력으로……

● 108선혜(禪慧) 초등학교를 방문하다

처음 네팔을 찾은 2008년, 108산사순례기도회는 부처님 진신사리와 함께 또 하나의 뜻깊은 씨앗을 심고 갔다. 네팔 마두버니 인근에 '국립 108선혜 초등학교'를 세운 것이다. 작은 시골마을의 학교이지만 백년대계라는 교육을 위한 인재불사의 현장이다. 선혜라는 이름은 부처님의 전생 이름 선혜(善慧)이기도 하고 선묵혜자(禪默慧慈)라는 이름에서 딴 것이기도 하다.

평화의 불 이운을 위해 다시 네팔을 찾았을 때에도 우리는 평화의 불 채화에 앞서 먼저 108선혜 초등학교를 방문했다. 학생들은 활기찬 웃음으로 순례단을 환영했다. 평화의 불 이운 성공을 기원하며 한국 전통 무술인 태권도 시연도 보여주었다. 매끄러운 체육관 바닥이 아니라 흙바닥에서 펼친 공연이지만 아이들은 그저 새로운 것을 배우고 익히는 것이 즐겁기만 한 모양이다.

국립 108선혜 초등학교가 개교하기 전 인근 아이들은 3~4시간씩 걸어서 학교를 다니거나 아예 학교를 다니지 않는 경우도 많았다. 그러나 이곳 학교가 설립된 후 가정형편이 어려운 아이들까지도 배움의 기회가 생겼다.

지금은 학생 수가 정원을 훌쩍 초과한 지 오래다. 그러다보니 학생 수만큼의 시설이 따라주지 않는 것이 현실이다. 하지만 열악한 환경에서도 배우고 익히고 아이들의 열띤 학습열이 그저 고맙고 기특할 뿐이다. 네팔 정부의 도움 없이 108산사 순례기도회의 지원으로 운영되는 국립 선혜 초등학교. 국경과 인종을 넘어선 인재불사는 한국과 네팔의 교류를 촉진시키는 공양이며 인류평화를 향한 첫걸음이라 믿고 있다.

초대 교장인 람하리 조쉬 전 교육부장관은 "이 뜻깊은 행사에 깊은 존경과 찬사를 표하며 이 일이 또한 한국과 네팔 두 나라 사이의 친교에 굳건한 다리가 될 것으로 믿는다."고 화답했다.

평화의 불을 처음 접하다

평화와 자비를 상징한다는 '평화의 불.' 그것은 끝없는 평화와 사랑이 있는 세상(Never End Love And Peace)이라고도 불린다. 네팔 룸비니 평화의 공원에서 평화의 불은 언제나 꺼지지 않고 타오른다.

국민총생산 GDP보다 국민 행복지수가 더 높다는 부처님 나라 네팔이다. 그 평화로운 곳으로 평화의 불을 모시러 갔다. 부처님의 고향 룸비니에는 수천 개의 불꽃이 피어오르기 시작했다. 손에서 손으로 이어지는 작은 불꽃은 간절한 기원과 평화를 상징하는 불꽃으로 피어났다.

부처님의 자비와 인류의 평화를 기원하는 룸비니 평화의 불을 분단의 땅으로 이운하기 위해 부처님 고향 땅을 밟았다. 룸비니 평화의 불을 구법의 길을 따라 새로운 '평화의 길'을 만들며 한반도로 이운하여 남북의 평화를 기원하고 성취하기 위한 대장정이 시작된 것이다.

룸비니 동산에서 평화의 불을 채화하다

불기 2557년 부처님 오신 날을 앞두고 삼각산 도선사 불자님들과 108산사순
례기도회 회원들에게 참으로 뜻깊은 인연이 찾아 왔습니다. 네팔 룸비니 평화
의 불이 구법(求法) 순례의 길로 한반도에 이운됨을 축하하고, 한반도에 평화가
정착되기를 기원하는 법회가 오는 5월 2일 임진각 평화누리 광장에서 '분단의
벽을 넘어 평화를 꿈꾸다'라는 주제로 봉행됩니다.

이번 행사는 한국 정전 60주년을 기념해 남북의 긴장관계를 해소하고 평화
가 정착되기를 기원하게 됩니다. 부처님의 평화·자비사상을 한반도에 널리 펼
쳐 국민들이 평안하고 남북이 소통(疏通)하고 화합하여 평화로운 통일이 이룩
되기를 발원하는 의미로 이루어진 것입니다.

또한 국내외적으로 어려운 사람들에게 마음의 평화를 심어 주어야겠다는 원

력(願力)으로 시작하게 되었습니다. 이를 위해 부처님 탄생 성지인 네팔 룸비니 동산 평화의 불을 채화하여 중국을 거쳐 한국으로 이운(移運)하여 한국과 중국, 한국과 네팔의 불교 문화교류를 통한 유대를 강화하고자 합니다.

특히 이 평화의 불은 많은 구법승(求法僧)들이 생사(生死)를 넘나드는 어려운 역경을 헤치고, 부처님의 법을 구하기 위하여 떠난 구법의 길을 따라 새로운 '평화의 길'을 개척할 것입니다. 중국을 거쳐 한반도에 도착함으로, 남북 간의 갈등, 이념간의 대립, 계층·세대 간의 불화 등으로 혼란스러운 국민들에게 한 줄기 평화와 화합의 불로 서광(瑞光)을 비출 것입니다.

네팔 룸비니 동산의 평화의 불이 한반도에 오는 것은 최초의 일로 구법의 길에 평화를 수놓을 것입니다. 아울러 부처님 진신 지골(指骨)사리가 모셔져 있는 서안 법문사를 방문하여 평화의 불을 분등(分燈)할 것입니다. 삼각산 도선사가 한국 사찰로는 최초로 부처님 지골사리를 모시고 친견법회를 봉행한 사실을 확인하고 두 사찰의 형제결연 8주년을 기념하는 법회를 봉행할 것입니다.

평화의 불 한국 이운은 '세계는 하나' 라는 사상과 한반도 정전 60주년을 기념해 남북의 평화 정착과 통일을 발원하는 의미를 담고 있습니다. 부처님 탄생 성지에서 채화한 평화의 불은 부처님의 현신(現身)이 나투신 룸비니 동산은 불(佛)을 상징하고, 구법의 길을 따라 평화의 불을 모시고 옴은 진리를 구하기 위한 길은 법(法)의 의미이며, 그 길을 따라 고행과 역경을 몸소 체험하는 수행자(僧)를 의미할 때 불·법·승 삼보의 뜻깊은 의미가 담겨 있다고 할 수 있습니다.

평화의 불을 이운하여 모시고 정전 60주년을 기념해 '분단의 벽을 넘어 평화를 꿈꾸다'라는 주제의 남북평화 정착 기원법회를 임진각 평화누리 광장에서 수만 명이 참석한 가운데 봉행합니다. 이번 행사에 한국 불자님들에게 일생에 다시없는 인연이라고 생각하시고 두루 동참하시기 바랍니다.

평화의 불을 이운함은 남북한 갈등상황을 해결하고 평화가 정착되기를 발원하기 위해서입니다. 또한 그 도를 더해 가고 있는 물질만능의 폐해 속에서 부처님의 자비사상과 원융화합만이 평화를 담보할 수 있다는 취지입니다. 시역 만리 '평화의 길'을 따라 이운해 올 평화의 불은 한반도 화합과 지구촌의 평화를 기원하고 불교를 통해 평화로운 통일의 초석을 다지고자 하는 것입니다. 성불하십시오.

– 평화의 불이 한반도까지 이운되기를 발원하며 선묵혜자 합장

평화의 불 한국 이운 원만 성취 발원문

진여의 몸으로 사바에 오신 부처님.
당신이 사바에 첫 발을 디디우신
룸비니 동산에 평화의 불이
대한민국 땅에 원만히 이운되어
남북통일의 단초를 마련하고
평화가 정착되기를 간절히 발원하옵니다.

룸비니 동산에서 평화의 불을 채화하다

중생의 서원 섭수하시는 부처님.

저희들은 평화의 불 한국 이운은

현생에 처음이자 마지막으로 알고 있습니다.

특히 이번 행사는 남북 정전 60주년을 기념해

봉행되는 뜻깊은 행사이니만큼

이 인연공덕이 원만히 회향되어

한반도에 평화가 정착되어 남북이 화해하고

긴장을 해소하여 소통 될 수 있도록

이끌어 주시옵기를 간절히 바라옵니다.

온 누리에 으뜸이신 부처님.

당신의 탄생 성지인 룸비니 동산에서

평화의 불 채화 행사와
당신의 성체가 모셔져 있는
중국 법문사와의 형제결연 8주년 기념
평화의 불 이운 환영행사와
임진각 평화누리 광장에서 봉행되는
'분단의 벽의 넘어 평화를 꿈꾸다'는 주제의
남북 평화 정착 기원 법회가
원만히 성취될 수 있도록 가피 주시옵소서.

당신이 강탄하신 룸비니 동산에서
평화의 불 이운 행사가 원만히 성취되기를
기도한 인연과
임진각 평화 정착 기원 법회에 동참한 공덕으로
국운이 융창하고
남북이 평화롭게 통일되며
선망부모 유주무주 영가들이
극락세계에 왕생토록 증명하여 주시옵소서.

나무 석가모니불
나무 석가모니불
나무 시아본사 석가모니불

🔘 기나긴 여정이 시작되다

평화의 불을 채화하여 이운하기 위하여 네팔 카트만두 공항에 도착하자 고적대가 환영 음악을 울리고 많은 사람들이 꽃다발을 건네주었다. 흰 천을 씌워주며 합장 인사로 환영을 한다. 한국어로 쓴 '환영' 팻말을 들고 서 있거나, 꽃을 들고 서 있는 사람들이 공항을 가득 메웠다. 사진을 찍거나 노래를 부르는 사람도 있었다. 평화의 불 이운을 위해 이웃 나라 종교인도 방문하였다. 전 국민의 80%가 힌두교 신자임에도 네팔 인들은 환영과 존경을 표하는 '하다'를 직접 목에 걸어주며 한국의 순례단을 맞이했다.

한국에서 근무 중인 커먼 싱 라마 주한 네팔 대사는 한국으로 평화의 불이 이운된다는 소식을 듣고 카트만두로 왔다.

"네팔의 평화의 불이 한국과 함께할 수 있어서 영광입니다. 이 기회를 통해 양국에 좋은 인연의 기회가 될 수 있으리라 생각합니다. 아주 필요한 시기에 이렇게 중요한 행사를 할 수 있어서 기쁘게 생각합니다."

"나마스떼~"

순례단의 차량을 향해 인사하는 네팔 국민들. 그렇게 평화의 불 이운을

CELEBRATE   🐉봉축 ○마음으로찾아가는108산사순례기도회   CELEBRATE

🐉 봉축 룸비니 평화의 불 한국 이운기념 설산 법회 🇰🇷 축 🐉

CELEBRATING SNOW COVERED MOUNTAIN BUDDHIST CEREMONY

DATE : 16. APRIL. 201

위한 순례의 길이 시작되었다.

포카라에서 하루를 보내고 룸비니에 가서 평화의 불을 채화하게 된다. 포카라에 있는 마차푸츠레 준봉은 사람이 오르지 않는 설산(雪山)이다. 아침 일찍 히말라야 설산을 바라보며 법회를 하고, 낮에는 페와 호수에서 방생(放生)을 하고 룸비니로 내려갈 예정이었다.

한국 순례단은 새벽에 히말라야 고봉을 조망하기에 좋은 네팔 북중부에 있는 산악마을 사랑코트를 찾았다. 그곳에서 평화의 불 원만이운 법회를 봉행하였다. 평화의 불이 티베트, 카슈가르, 호탄, 쿠차, 신장 위구르, 투루판, 둔황, 서안, 만주, 압록강을 넘어 북녘 땅을 거쳐 평양에도 밝혀지기를 발원하였다.

평화의 불 이운은 한국 순례단에게는 작은 불씨 하나 옮기는 행위가 아니었다. 평화와 대화합을 위한 첫 걸음을 떼는 것이다. 그렇기에 동이 트기 전부터 시작된 대법회에는 불제자로서 하나의 예를 넘어 온 정성을 다할 따름이었다.

점점 하늘이 밝아오는 새벽 4시, 드디어 히말라야에 빛이 들기 시작했다. 서서히 안나푸르나와 마차푸츠레 등 설산의 장엄한 모습을 드러냈다. 그 속에서 한국 순례단은 히말라야 설산 곳곳에 있는 신들을 향해 평화를 위한 기도를 올렸다. 그 기도는 바람을 타고 험준한 고봉 깊숙이 스며들었다.

룸비니 동산에서 평화를 담다

헌두교의 나라 네팔. 모든 생명체와 사물에 신(神)이 깃들어 있다고 믿는 사람들이 사는 나라다. 동시에 네팔은 불교의 창시자 석가모니 부처님이 탄생한 나라다.

석가모니 부처님의 탄생 성지 룸비니에 도착했다. 룸비니는 2,500여 년 전 석가모니 부처님이 태어난 불교 성지다. 1,300여 년 전 신라 구법승 혜초 스님 역시 이곳을 찾았다. 스님이 도착했을 때 이곳은 폐허였다. 그러나 지금은 불교도뿐만 아니라 모든 신앙인들이 찾는 성지이다. 지금은 잘 정비된 호수와 석가모니 부처님이 태어난 마야데비 사원이 아름다운 조화를 이루고 있다. 카트만두에서 남쪽으로 250km 지점에 있는 룸비니는 여느 농촌 마을과 다를 바 없다. 소떼와 함께 뒹구는 아이들과 낯선 이의 시선을 피하는 소녀, 해맑은 미소를 보이다가도 카메라 앞에서는 얼어붙는 아이들이 있는 곳이 바로 부처님의 고향 룸비니다.

평화와 자비의 세상을 염원했던 부처님의 가르침은 평화의 바람이 되어

사바세계로 널리 퍼져 나가고 있었다. 룸비니 평화의 공원에서는 현지 승려들과 관계자들이 모여 한국 순례단의 평화의 불 채화를 위한 전야제가 벌어졌다. 승려들과 불자들 사이로 음악소리가 들리고 기도하는 사람들의 모습이 숱하게 눈에 띄었다. 기다리던 평화의 불을 대면하기 위해 설레는 마음을 가다듬었다.

　평화의 불 채화를 위한 전야제 행사는 한국에서 온 순례단의 공연으로 그 분위기가 더욱 고조됐다. 봉양(奉養) 의식을 거행함과 동시에 순례단에게 촛불을 나누어 주고 티베트 승려 및 순례단 전체가 불꽃을 들고 평화의 공원을 '석가모니불'을 정근하며 행진하였다.

　드디어 환한 불빛이 모습을 드러냈다. 불꽃은 신비스러움을 간직한 채 고

요히 흔들리고 있었다. 이것이 바로 3,000년간 꺼지지 않고 타오르며 인류 평화를 상징하고 있는 세계문화유산 평화의 불이라는 생각에 가슴이 벅차 왔다.

평화의 불을 밝히기 위해 순례길에 나선 108명의 불제자들이 마주한 것은 어둠을 밝히는 불이 아닌 인류를 밝히는 평화 그 자체였다. 그렇게 평화의 불은 세계 유일 분단국가인 한반도를 향해 평화의 바람을 불어 넣고 있었다.

이 자리에서 평화의 불씨를 담을 이운함(移運函)이 공개됐다.

이운함은 평화의 불이 이운되는 과정에서 불씨가 꺼지지 않게 하기 위해 심지와 알코올을 담고, 특수 유리를 사용해 가림막까지 설치하여 정교하게 제작됐다. 평화의 불을 채화해서 네팔 정부로부터 전달받기 위해 카트만두까지 가려면 10시간 이상을 가야 한다. 그래서 중간 중간 알코올을 보충해야 한다. 보충을 할 때는 하나는 켜고, 하나는 꺼야 한다. 3,000년간 꺼지지 않는 평화의 불이지만 이운하는 과정에서 자칫 꺼트릴 수도 있어 작은 부분 하나까지도 신경을 써야 하는 만만치 않은 여정이다. 20여 일간의 순례길에 직접 이운함을 들고 이동해야 하기에 사용방법을 익히며 유심히 살펴보았다. 평화를 상징하는 평화의 불과의 만남이 서서히 다가오고 있었다.

평화의 불을 채화해서 전달받으면 그때부터가 긴 여정의 시작이다. 티베트, 신장 위구르, 파키스탄 국경, 타클라마칸, 투루판, 둔황, 난주, 서안 법문사, 그리고 청도를 통해 인천항으로 향한다. 한반도에 첫발을 내딛고 5월

2일 한국 휴전선이 있는 임진각 평화누리 광장에서 '분단의 벽을 넘어 평화를 꿈꾸다'라는 주제로 평화 대법회를 봉행하게 된다.

평화의 불을 이운하는 첫걸음이 시작된다니 꿈만 같았다. 이역 만리 땅에 와서 평화의 불을 모시고 가는 인연이야말로 부처님 제자의 한 사람으로서 큰 가피라고 생각하였다. 그래서 간절히 발원하였다. "긴 여정 아무 장애 없이 임신각에 도착해서 삼천리 방방곡곡에 평화의 불을 밝혀 평화가 수놓아지기를……."

● 평화의 불을 채화하다

룸비니 마야데비 사원 앞에서 세계 평화를 기원하며 타오르고 있는 평화의 불에 세계 각국의 승려들이 몰려들었다. 인도 비하르주 보드가야, 중국 광저우 스님, 일본 스님, 티베트 스님 등 수많은 불제자와 세계 각국의 언론들까지 함께한 아주 특별한 평화의 불 채화식이다.

부처님 고향 땅 사람들은 멀리 한국에서 온 108명의 불제자들을 따뜻하

게 맞이했다. 채화식에 앞서 마음속으로 발원했다.

"평화의 불이 '평화의 길'을 따라 한국으로 이운하는 공덕으로 부처님의 평화 사상과 자비정신이 지구촌에 널리 퍼져 서로가 소통하고 화합하는 평화로운 세계가 되도록 가호하여 주십시오. 그리고 평화의 정신이 널리 펼쳐지기를……."

108산사순례기도회 회원들의 육법공양(六法供養)과 함께 불교의식 무용인 바라춤으로 평화의 불 이운을 알리며 현지 취재진의 관심을 한몸에 받았다. 각국에서 온 스님들과 수많은 불제자들이 지켜보는 가운데 셀파 스님, 네팔 대사와 함께 한국으로 향할 평화의 불씨가 이운함에 옮겨졌다. 드디어 평화의 불이 채화됐다. 이제 이 평화의 불은 한반도 평화와 희망의 불씨가 된 것이다.

평화의 불 채화식을 위해 봉양의식을 진행하며 전 세계에 평화의 불 한국

룸비니 동산에서 평화의 불을 채화하다

이운을 알렸다. 평화의 불 이것은 그 자체만으로도 석가모니 부처님의 자비와 인류 평화를 상징하며 영원히 꺼지지 않는 불이다. 지구촌에 평화의 세상이 열릴 것을 펼쳐 보여준 것이다. 이제 이 평화의 불은 분쟁과 분단으로 고통받는 한반도로 봉송(奉送)될 것이다.

채화식을 마치고 순례단은 부처님이 자랐던 마야데비 사원에 들러 참배를 했다. 룸비니 동산에 있는 평화의 불 제단 앞에서 간절하게 남북평화를 위한 기도를 올리고 선정(禪定)에 들어 있는 중이었다. 참으로 상서로운 현상이 일어났다.

평화의 불이 잠시 바람에 흔들렸다. 동시에 많은 취재진이 평화의 불과 나의 모습을 사진에 담기 위해 연신 카메라 셔터를 눌렀다. 그런데 그 많은 사진 가운데 단 한 장에 관음보살상의 형상(形狀)이 또렷하게 나타난 것이다. 또한 바람에 불씨가 꺾인 상단 부분에는 peace(평화)의 첫 머리 글자인 P자가 선명하게 나타났다. 혹자는 상서로운 이 현상에 대해 한갓 우연이라고 말할 수 있겠지만, 어떤 말로도 형언할 수 없는 확고한 불보살님의 가호(加護)를 느낄 수 있었다.

평화의 불 채화를 마치고 룸비니에서 카트만두로 가는 봉송길에는 수많은 사람이 거리에 나와 평화의 불을 환송했다.

평화의 불은 네팔인들의 자부심이기도 했다. 네팔의 수도 카트만두 대통령궁으로 향하는 길은 정말 부처님께서 이 사바에 다시 오신 듯 환희와 장엄의 물결이었다. 한국의 순례단을 태운 차량이 지날 때면 네팔 곳곳의 국

민들이 몰려 나와 한국 순례단을 향해 열렬한 환호와 축하 인사를 보내주
었다.

　평화의 불은 가는 곳마다 수많은 사람의 뜨거운 환영을 받았다. 카트만두
까지 가는 동안 무글링과 나랑가드 등 네팔의 주요 도시마다 수만 명의 환
영 인파가 몰려 춤과 노래로서 순례단을 환영하며 평화의 불이 무사히 한
국으로 이운되기를 기원했다. 이 광경에 눈시울이 붉어졌다. 나랑가드에서
는 4만 명의 시민 가운데 2만 명이 거리로 나와 평화의 불을 환송했다. 너무
열렬하게 환영을 해주어 정말 몸 둘 바를 모를 정도였다.

　평화의 불이 카트만두에 입성했을 때에도 사람들은 어김없이 달려 나와

한국의 순례단을 환대해 주었다. 환영을 의미하는 꽃목걸이 '하다'를 목에
걸어 주기도 하고, 때로는 꽃비를 뿌려주기도 했다. 이렇게 축제같은 환영
물결은 무려 13시간 동안 이어졌다.

평화의 불을
공식적으로 전달받다

평화의 불이 카트만두를 첫 기착지로 삼은 까닭은 히말라야를 넘어온 티베트인들이 모여 사는 마을이 있기 때문이다. 1951년 중국이 티베트를 무력으로 점령하자 이를 피해 네팔로 들어온 티베트 난민들이다. 이곳에 정착한 티베트 인들은 여전히 티베트 불교와 그들의 전통 문화를 지켜나가고 있었다. 이곳 난민촌은 전 세계에서 티베트의 전통이 가장 잘 보존되어 있는 곳이기도 했다. 이들 또한 분쟁과 갈등의 희생양들이었다.

한번 돌릴 때마다 경전을 한번 읽는 것과 같다는 마니차(윤장대). 사원 주변을 돌며 마니차를 돌리는 티베트 노파(老派)의 바람 역시 평화일 것이다. 반세기가 넘는 타향살이를 하고 있는 티베트 난민들의 소원은 무엇일까?

평화의 불을 이운하기 위한 마지막 관문을 위해 한국 순례

단이 네팔 대통령궁을 찾았다. 카트만두의 대통령궁 앞에는 궁을 지키는 군인 모습이 보였다. 삼엄한 경비가 펼쳐진 그곳에 많은 사람들이 몰려들기 시작했다. 이곳에서 역사적인 행사가 열렸다. 네팔 수상과 장관들이 참석한 자리에 람 바란 야다브 네팔 대통령이 마지막으로 입장했다. 바로 평화의 불 전달식을 위해서였다. 네팔 대통령궁 마당에서 야다브 네팔 대통령과 크힐 라즈 레그미 수상, 란 구마르 쉬레스타 문화부 장관, 마더브 프라사드 기미래 내외무부 장관, 김일두 한국 대사, 스리랑카 등 각국 대사 등 귀빈들과 한국에서 온 순례단 일행들이 지켜보는 가운데 평화의 불 전달식이 거행됐다.

평화의 불 전달에 앞서 한국의 전통춤인 태평무(太平舞)와 사물놀이가 흥겹게 펼쳐졌다. 네팔의 스님들은 불교의 전통무인 '누비리 라마단스' 춤으로 화답했다. 마침내 야다브 대통령으로부터 평화의 불을 넘겨받았다. 가슴

벅찬 순간이었다. 이 평화의 불 전달식은 네팔 TV로 생중계되고 있었다. 이로써 평화의 불은 공식적으로 전달된 것이다. 이렇게 세계평화에 대한 모든 이들의 염원을 함께 담은 평화의 불이 '평화의 길'을 따라 긴 여정을 시작했다.

그날 마더브 프라사드 기미래 내외무부 장관은 "뉴스를 통해 한반도의 정세를 알고 있다. 곧 전쟁이 일어날 것만 같은 상황인 것 같다. 부디 이 평화의 불이 한반도에 원만히 이운되어 평화 유지에 큰 도움이 되기를 바란다."고 말했다.

인연이 없는 나라엔 평화의 불을 주지 않는다고 한다. 하지만, 한반도 평화를 위해서 평화의 불을 이운하겠다는 한국 순례단에게 네팔 정부는 흔쾌히 불씨를 내준 것이다. 평화의 불을 전달받은 순례단은 평화의 불 이운을 신고라도 하듯 카트만두 시내 행렬에 나섰다. 석가모니 부처님이 태어난

나라 네팔의 수도 카트만두는 히말라야를 찾는 수많은 세계인들이 거쳐 가는 덕분에 국제도시의 면모를 갖추고 있다. 그러나 네팔은 신들의 나라로 3억 3천만의 신이 산다는 힌두의 나라다. 네팔의 옛 왕궁인 더르바르 광장엔 수많은 사원이 즐비하고 2013년 4월 13일은 네팔력으로 정월 초하루 많은 사람들이 몰려나와 새해를 축하하고 있었다.

　한국에서 온 승려가 평화의 불을 공식 이운받았다는 소식이 네팔 전역으로 퍼졌다. 평화의 불 원만 이운을 응원하는 네팔 시민들의 축하 행렬은 도로를 점령할 만큼 그 관심이 대단했다. 먼 이웃 나라의 평화 통일을 간절히 기도하는 듯했다. 네팔 카트만두에서 시작된 시민들의 축하 행렬은 입소문을 타고 산골마을까지 이어졌다. 축제 같은 현장은 지역 취재진들에게 가장 흥미로운 사건이었다. 힌두교 신자가 대부분인 네팔 사람들. 그들은 평화의 불을 든 한국의 수행자를 향해 보리수 잎과 꽃을 뿌리고 음식 공양까지 했다. 평화를 사랑하는 순박한 사람들의 마음에 고된 순례길의 무게가 가벼워졌다.

원숭이 수호신인 하누만 상 앞에 곡식을 바치며 기원을 올리는 네팔 인들의 바람 또한 여느 사람들과 다르지 않은 평화와 행복일 것이다. 광장 곳곳을 가득 메운 작은 불꽃들은 네팔 인들은 평화의 염원을 담고 있다.

2장

평화의 불,
갈등지역에
운거하다

네팔의 수도 카트만두에서 한반도까지 대장정 거리는 무려 2만여km다. 평화의
불은 티베트 라싸로 향했다. 분단과 갈등의 땅 한반도에 평화가 깃들기를 바라
며 1,300여 년 전 구법승의 길을 따라 봉송을 시작했다.

해발 5,000m의 고개를 넘는 길은 결코 만만치 않았다. 무엇보다 고소증(高所症)
이 힘들었다. 차량으로 곧바로 이동한 탓에 고지대에 적응할 틈이 없었다. 숨이
차고 머리가 아프며 눈에서 열이 났다.

네팔과 티베트를 연결하는 우정의 도로는 히말라야 산맥을 넘는 길이다. 사람
의 발길을 완강하게 거부해 온 대자연이 펼쳐진 곳이다. 그러나 불법과 깨달음
을 얻으려는 인간들의 발길이 끊이지 않았던 곳이기도 하다. 그 옛날 많은 구법
순례자들이 이곳을 지나갔다고 생각하니 그제서야 힘이 솟고 마음에 겸손함이
깃들었다.

순례자들이 지나갔던 길목에는 어김없이 '룽다'가 바람에 휘날리고 있었다. 이
열악한 곳에 불탑을 세우고 간절한 바람을 내걸었던 이들은 누구였을까? 티베
트 인들의 신앙심은 참 대단하다. 해발 7,000m 고지에 이런 불탑을 쌓으려면

얼마나 많은 시간을 인내하면 저 돌을 날랐을까? 그들의 소박하면서도 평화로운 마음을 이어받을 수 있을까?

긴 여정에 오른 평화의 불이 무사히, 구법 순례의 길을 통해 새로운 '평화의 길'을 만들며 분단의 땅 임진각까지 안착할 수 있도록 다시 한 번 발원했다. 누구도 시도하지 않았던 일이다. 룸비니 동산의 불꽃으로 한반도의 평화를 기원하겠다는 나의 염원은 과연 이뤄질 수 있을까? 불꽃으로 상징되는 평화와 자비 세상, 그 원대한 바람이 과연 한반도에서 실현될 수 있을 것인가. 남은 여정은 아직 멀기만 하다. 그렇게 평화의 불은 지상의 거대한 장벽, 히말라야를 넘었다.

평화가 간절한 티베트로 향하다

어른 아이 할 것 없이 기쁘게 환호하는 네팔 사람의 마음을 품은 평화의 불이 히말라야를 넘어 중국령 티베트 지역으로 향했다. 평화의 불 이운의 책임감은 티베트로 향하는 동안 계속됐다.

평화의 불은 중국 티베트로 가는 국경지대에 다다랐다. 이로써 수만 km를 이운하는 고된 시간이 시작된 것이다. 굽이굽이 이어지는 해발 4,700m의 캄바라 고개. 첫 관문부터 쉽지 않은 고지대 여정이어서 이운 길에 발목을 잡지는 않을까 걱정했다. 하지만 그림 같은 자연 풍경은 고된 여정을 잠시 잊게 해주었다.

첫 번째 순례지는 인구 10만 명의 티베트 제2의 도시 시가체다. 시가체엔 티베트 불교 최대 종파인 게룩파의 시조 총카파의 제자이자 훗날 달라이라마 1세가 된 게된 둡파가 1447년 창건한 타쉬룬포 사원이 있다. 타쉬룬포 사원은 라싸의 3대 사원인 간덴 사원, 세라 사원, 드레펑 사원과 함께 게룩파 4대사원으로 불린다. 달라이라마 4세 이후의 판첸 라

마는 이곳을 정치와 종교 활동의 중심지로 삼았다.

창밖으로 고산지대를 보며 두 번째 목적지인 장체로 발걸음을 옮겼다. 라싸에서 서남향으로 264km 떨어진 지점에 위치해 있다. 시골 도시로 라싸와 시가체에 이어 티베트에서 3번째로 큰 도시이다. 이곳에는 티베트 불교 3대 교파인 샤카(薩迦), 가뀨(喝丹), 게룩(格魯)이 하나의 사찰에서 정진한다. 불교예술의 보고이자 티베트 10만 불탑의 사원인 백거사(白居寺)이다. 쿰붐 사원이라고 불리는 백거사는 달라이라마의 스승인 판첸 라마들이 공부했던 곳이다.

장체에서 해발 4,441m에 있는 티베트 3대 호수인 얌드록쵸를 만났다.

티베트의 신성한 호수 중 하나인 얌드록쵸는 '방목지의 옥빛 호수'란 뜻으로 히말라야 북부에 있는 호수 중 가장 큰 담수호다. 티베트 인들에겐 분

노한 신들의 안식처로 인식되고 있는 호수이기도 하다. '고지의 산호 호수'
라고 불리기도 하는 이곳은 서쪽과 북쪽으로 눈 덮인 산맥이 둘러싸여 있
다. 우리가 그토록 바라던 평화로움이란 이런 대자연의 모습이 아닐지, 잠
시 생각에 빠져 보았다.

　고산 지대에 위치해 있는 얌드록쵸를 차를 타고 달리는데 숨이 차고 머리가
더 아프고 눈에서 열이 더 났다. 고산병이다. 하지만 그 평화로운 풍경을 다
시는 볼 수 없을 것만 같아 그 풍경을 두 눈에 담기 위해 정신을 가다듬었다.

　성스러운 얌드록쵸 근처엔 오색의 타르쵸가 펼쳐져 있었다. 불교 경전에
적힌 다섯 가지 색의 타르쵸는 사람들의 바람이 바람을 타고 온 세상 널리
퍼지기를 기원하듯 길게 뻗어 있다. 타르쵸 앞으로 나아갔다.

"평화의 불이 구법순례길을 통해서 긴 여정을 떠납니다. 우리가 무사히 임진각까지 갈 수 있도록 기원합니다."

오색기 사이에 흰색 '룽다(불경을 적은 깃발)'를 걸고 바람이 이루어지길 기원하며 합장했다.

불교가 꽃을 피우고 있는 티베트. 티베트 불교는 인도 대승불교에서 고도로 발달한 교리와 밀교수행의 최종 단계를 계승했다. 인도의 불교가 쇠퇴한 후에도 독자적으로 발전했다.

티베트 불교는 순례자들에게 또 다른 가르침과 진리를 끊임없이 요구하게 될 것이다.

● 대자연의 경이로움에 사로잡히다

티베트 인들에게 행복과 평화가 빨리 찾아오기를 발원하면서 호숫가를 잠시 걸었다. 평화의 불은 손난로에 불씨를 옮겨 놓았다. 평화의 불을 지니고 장시간 이동할 때를 위하여 준비한 손난로이다.

얌드록초를 뒤로하고 다시 대장정에 올랐다. 곳곳이 설산인 고지대를 차로 지나면서 고산증세가 심해졌다. 대체 얼마나 높이 오른 것일까? 그런데 해발 7,000m의 카롤라 빙산이 가던 길을 멈추게 만들었다. 저 멀리 허공에서 황홀하게 떠있는 카롤라 빙산이 수행자에게 잠시 쉬어가라고 손짓하는 듯 보였다. 평화의 불 이운이 아니었다면 만나지 못했을 광경이다. 대자연의 경이로운 풍경에 잠시 고산병을 잊은 듯 했다.

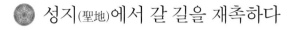 성지(聖地)에서 갈 길을 재촉하다

평화의 불은 티베트의 수도 라싸를 향해 올라갔다. 라싸는 브라마푸트라 강의 지류인 라싸 강 부근 히말라야 산맥의 3,650m 고지에 자리한다. 토번의 종교 중심지였고 주민의 상당수가 스님과 신도들이다.

이곳은 달라이라마의 본거지이자 티베트 불교인 라마교의 발원지이다. 도시 곳곳엔 마니차와 전경륜(轉經輪)을 돌리며 기원하는 티베트 인들을 자주 볼 수 있었다. 그들은 자신을 무한히 낮추며 불·법·승 삼보에 존경을 표하는 오체투지(五體投地) 예불을 드리고 있었다.

오체투지의 큰 축은 교만을 떨쳐버리고 어리석음을 참회하는 수행자로 살아가는 것이다. 티베트 인들은 금생(今生)에 짓는 업(業)이 다음 생에 업으로 이어져 환생(還生)한다고 믿으며 늘 라마신 곁을 떠나지 않는다.

라마교를 향한 티베트인들의 마음을 느껴 보려고 라싸 시내의 한복판을 걸었다. 라싸의 중심에는 송첸캄포가 문성공주를 위해 만든 포탈라 궁이 있다. 이 궁은 1959년 달라이 라마 14세가 인도로 망명할 때까지 티베트 종

교와 정치의 상징인 건축물이었다. 그리고 지금도 티베트 인들에겐 살아서 가야 할 성지 중의 성지로 인식하고 있다.

　1419년 게룩파의 시조 총카파의 제자 사갸예체가 창건한 라싸 3대 사원의 하나이자 역대 달라이 라마가 계시를 받았던 최고의 불교대학 세라 사원. 문성공주가 당나라에서 가져온 불상을 모시기 위해 만든 죠캉 사원도 중요 유적이다. 무엇보다 이곳에선 3보 1배로 차마고도를 넘어 라싸까지 순례를 하는 티베트 인들의 고난과 역경의 삶은 경이로움을 넘어 구도의 참모습을 떠올리게 했다.

　삶이 구도(求道)이고, 구도가 삶인 티베트 인들. 수천 년 동안 이 고난의 길에서 행복을 찾는 티베트 인들에게서 1,300년 전 혜초 스님은 무엇을 깨달았을까.

　티베트의 상징 포탈라 궁이 위중한 자태로 중생을 보듬듯 내려다보고 있었다. 달라이라마의 자비가 평화의 불 이운 순례길을 보살펴 주길 간절히

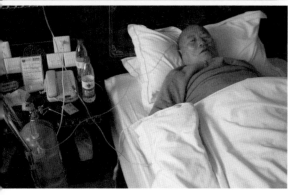

발원했다.

라싸에 도착하자마자 결국 우려하던 일이 벌어지고 말았다. 고산병 증세로 탈진하고 만 것이다. 숨이 가쁘고, 머리가 아파왔다. 남은 여정(旅程)을 제대로 이어갈 수 있을지 우려되는 상황이었다. 수많은 구법 순례자들이 걸었던 고행의 길에서 고통을 온몸으로 느끼고 있었다.

평화의 불을 무사히 한반도에 이운할 수 있을까? 산호 호흡기를 대고 응급처치를 하고 나서야 고산증세가 진정되었다. 몸이 채 회복되지 않았지만 서둘러 다시 순례길에 올랐다.

● 간절하게 평화를 기원하다

티베트 최대의 성지 포탈라 궁 위에서 높이 휘날리는 오성홍기가 티베트의 오늘을 말해주고 있었다. 까닭모를 긴장과 묘한 부조화, 근심이 가득한 얼굴. 그러나 티베트의 순례객들은 여전히 포탈라 궁을 돌고 있었다. 웃음기도 없이, 무심하게 마니차를 돌리는 티베트 인들의 모습에서 그 무심함이 오히려 무겁게 다가왔다.

몸을 추스르고 순례객 사이에 섞였다. 낯선 이방인에 대한 호기심을 감추지 않는 그들의 순박한 미소 뒤에는 큰 아픔이 있는 듯 했다. 티베트 역시 분쟁의 땅이기 때문이다.

티베트 인들은 중국 정부에 대항하여 끊임없이 분리 독립을 주장하고 있다. 중국이 티베트를 점령할 당시 희생당한 티베트 사람이 10만 명 이상이었다. 지금도 대규모 시위가 벌어지고 스님들의 분신이 100여 명째 이어지고 있다.

티베트 인들은 온 몸으로 평화를 갈구하며 절대자에게 경의를 표하는 순박

한 사람들이다. 지상의 가장 높은 곳에서 가장 낮은 자세와 마음으로 평화를 갈구하는 이들의 바람 역시 '평화와 자비'의 세상일 것이다. 이들의 소망이 이뤄져 이 척박한 땅에 진정한 평화가 깃들기를 나 역시 간절히 기원했다.

　평화의 불은 또 다른 갈등의 땅으로 향했다. 인도, 파키스탄 그리고 중국이 국경을 맞대고 있는 먼 서역의 길을 가기 전에 있는 티베트의 마지막 순례지 거얼무다. 어쩌면 평화의 세상에 이르는 인류의 길도 이렇게 높고 험할지 모를 일이다.

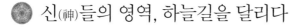

신(神)들의 영역, 하늘길을 달리다

라싸에서 거얼무까지 기차로 이동하기로 했다. 철길은 세상을 곧고 빠르게 잇는다. 그러면서 근대화와 산업화의 상징이기도 하다. 푸른 하늘과 눈 덮인 산으로 첩첩한 자연에서 외부인과의 왕래를 완강히 거부하며 고유의 문화와 종교를 유지해 온 티베트. 때 묻지 않은 티베트도 이제는 청장열차라는 철도로 인해 본격적으로 현대화와 중국화의 길에 들어 서게 되었다.

청장열차는 티베트 라싸와 거얼무를 연결하는 총 길이 1,142km의 철도로 전 구간 중 해발 4,000m 이상의 구간이 960km에 이른다. 티베트 인들이 신(神)의 영역으로 여기던 지역을 통과해 만들어져 일명 '하늘 길(天路)'이라고 불린다.

아직 고산병 증세가 완전히 회복되지 않은 상태였다. 손난로에 평화의 불씨를 담아 윗주머니에 넣었다. 그런데 문제가 생겼다. 이곳이 분쟁지역이다 보니 기차를 타는 데도 비행기 탈 때처럼 검문검색을 하는 것이다. 총, 칼, 폭발물, 인화물 등을 개인이 소지할 수가 없다. 평화의 불 또한 소지

하고는 기차를 탈 수가 없는 상황
이었다.

　가슴이 철렁했다. 당시 티베트
에서는 승려들의 분신(焚身)과 소
요(騷擾)가 하루도 거르지 않고
일어나 검문검색이 더욱 강화되
어 있었다. 평화의 불을 꺼야만
순례를 지속할 수 있었다.

　막막한 가운데 부처님께 모든
것을 맡기고 라싸 광장 기차역으
로 갔다. 거얼무 가는 청장열차
기차표를 구입하고자 했지만, 외

국인이라서 비자가 있어야만 입
국할 수 있다는 것이었다. 일단
일행의 짐을 부치고 어찌할 방법
이 없어 참담한 심정으로 대합실
을 바라보았다. 그런데 저 멀리
휠체어가 보였다. 순간 아이디어
가 생각났다. 얼른 휠체어에 앉
아 환자(患者) 행세를 하였다. 순

례 가이드가 휠체어를 밀고 가슴에 손난로를 품은 채 고산병으로 호흡곤란 증세가 있는 것처럼 연기를 하였다.

검문검색을 하는 공안요원 앞에 이르자 가슴은 더욱 쿵쾅거렸다.

"한국에서 온 스님이신데 두통과 호흡곤란, 협심증 등 고산병 증세가 심합니다. 열차에 오를 때까지 휠체어로 이동해야 합니다."

가이드의 설명을 들은 공안요원은 고개를 갸우뚱하더니 검색을 시작했지만 그리 철저하게는 하지 않았다. 무사히 평화의 불을 가슴에 안고 청장열차에 몸을 실었다. 이 순간적인 아이디어는 불보살님이 주신 가피이며 지혜라고 생각했다.

《서유기》의 손오공이 삼장법사를 모시고 지나갔다는 설산의 절경이 황량함을 달래주었다. 황무지 위로 풀빛이 짙어지면서 차창 밖에 등장하는 양, 야크, 노루, 까마귀 등이 보였다. 평화로웠다. 기차가 춰나 호수를 지나면서 풍광은 절정에 이르렀다. 고원의 이끼와 잔풀은 바람에 나부끼고 멀리 보이는 곤륜산맥과 눈 덮인 산들은 끝없이 이어졌다.

그러나 평균 해발 4,000m에서 연출되는 절경들은 사람들이 보아서는 안 되는 것인지, 고산증이 열차 안의 승객들을 두통과 호흡곤란, 협심증으로 괴롭혔다. 그 때문인지 열차에서는 객실 좌석마다 산소를 공급하고 두 명의 의사가 항상 대기하고 있었다.

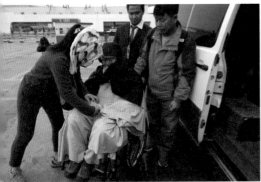

중국 서쪽 끝, 카슈가르에 서다

속세에 때 묻지 않은 자연 풍광과 멋진 호수와 만년설(萬年雪)로 이루어진 카슈가르. 평화의 불은 인도, 파키스탄, 아프카니스탄, 타지키스탄, 카자흐스탄 6개국과 국경을 맞대고 있는 무역의 중심지로 갔다.

신장 위구르에서 카슈가르를 보지 않으면 신장 자치구를 본 것이 아니라는 말이 있다. 카슈가르는 신장 위구르 자치구의 최대 오아시스 도시이자 중국 실크로드의 마지막 거점이다. 예전에는 이곳이 실크로드의 최대 도시였으며 구왕국의 수도였는데 중국에 편입되면서 변방의 작은 도시로 변해버린 비운의 도시이다.

중국 속의 또 다른 나라인 카슈가르에 우리 일행이 도착하자 시민들이 신기한 눈으로 바라보았다. 카슈가르는 그 옛날 둔황에서 갈라졌던 실크로드의 갈래인 서역북로와 서역남로가 합류하는 지점이다. 둔황에서 갈라졌던 두 길은 카슈가르에서 만나 중앙아시아를 거쳐 유럽까지 이어진다. 이처럼 카슈가르는 실크로드의 가장 중요한 거점 도시 중 하나였다. 신라의 구법

승 혜초 스님과 당나라의 현장 스님도 천축에서 불경을 얻어 중국으로 돌아올 때, 카슈가르를 가로질러 장안(시안)으로 갔다.

카슈가르는 중국의 신장 위구르 자치구 제2의 도시이다. 위구르 인들은 카슈가르를 자신들의 정신적 수도로 여기고 있다. 이곳의 주민인 위구르족은 중국 사람과는 생김새나 문화가 전혀 다르다. 현장 스님은《대당서역기》에서 이곳 사람들에 대해 "문신을 하고 파란 눈을 가졌으며, 불교를 깊이 신앙하며 복덕에 정진하고 있다."라고 기록하고 있다. 현장 스님 당시만 해도 이슬람교가 아닌 불교가 번성하고 있었음을 알 수 있다.

이처럼 역사적으로나 문화·인종적으로 중국 사람들과 전혀 다른 위구르 인들의 터전인 카슈가르는 오늘날 중국에서 정치적으로 가장 민감한 지역의 하나로 손꼽히고 있다. 이곳에 필요한 것 역시 평화다. 중국은 티베트 인이나 위구르 인을 인정하지 않고 평화를 가로막고 있다.

카슈가르의 진정한 매력은 이슬람의 종교적 향기, 힘들어 하는 얼굴과 달리 가슴이 따스한 사람들이라는 것이다. 파란 눈에는 평화를 애타게 기다리는 카슈가르 인들의 열망이 가득했다. 이곳에 평화가 온다면 사막에서 가장 아름다운 오아시스의 도시로 옛 영화를 되찾을 것이라는 확신이 들었다.

카슈가르는 기묘한 자연 풍광과 다양한 문화적 요소 그리고 이슬람의 종교적 신앙심이 수백 년 동안 도시 곳곳에 스미어 있었다. 중국 속의 또 다른 중국이다.

카슈가르에 발을 내디디면 포도의 달콤한 향기가 눈과 마음을 사로잡는

평화의 불, 갈등지역에 운거하다

다. 하늘의 푸른빛을 가득 품은 카라쿨 호수, 일 년 내내 하얀 눈을 볼 수 있는 해발 7,500m인 무스타크 설산, 세계에서 가장 혹독한 불모지 타클라마칸 사막, 중국에서 가장 큰 이슬람 사원인 에이티칼 모스크 등 이루 형언할 수 없는 자연과 인류의 문화 유산들이 카슈가르의 존재감을 훨씬 크게 해 주었다.

갈등과 대립의 땅이 되어버린 키슈가르에 마음으로나마 평화의 불을 분등하여 내려놓았다. 혜초 스님과 현장 스님이 이 땅을 밟으며 했을 발원을, 지금 한국의 수행자 역시 염원했다. 이슬람의 종교적 향기와 가슴이 따스한 사람들을 품은 사막에서 가장 아름다운 오아시스의 도시에 안온한 평화가 이루어지기를…….

밤하늘을 수놓은 별빛을 벗삼아 광막한 모래사막을 가로지르는 카라반(隊商)의 행렬은 얼마나 평화로웠던가. 가정의 행복을 지키고, 민족의 풍요를 이루어, 나라가 부강해지기를 바라며 걸었을 사막의 길. 그러면서도 낯선 사막의 고요 속에서 공포심이 시시각각 조여 왔을 것이다. 모래 바람과 약탈꾼들의 칼날에 대한 불안에 얼마나 떨었을 것인가. 금은보화(金銀寶貨)가 득한 짐을 등에 진 낙타와 터번을 두른 상인들의 고단한 걸음 앞에 갈증을 해갈(解渴)하는 평화를 이제라도 주고 싶었다. 이곳에 마음의 갈증을 해갈할 평화의 불을 내려놓았다.

신장 위구르에서 이슬람 사원을 방문하다

    중국에서 가장 넓은 면적에 분포되어 있는 종교는 이슬람교이다. 전통적으로 이슬람교를 믿는, 중국의 가장 오래된 소수민족 회족이 중국 땅 곳곳에 널리 퍼져 있기 때문이다. 그래서 중국 신장 자치구 어디를 가나 쉽게 이슬람 사원을 찾아볼 수 있다.

    자치구 안에는 2016년 현재 이슬람교 사원, 예배당, 사찰, 도관 등 종교 활동 장소가 2만4천800개가 있다. 그중 이슬람교 사원이 가장 많은 2만4천400개에 달한다. 모스크는 이슬람교의 예배 및 집회 장소로 한국어로는 성원(聖院), 중국어로는 청진사(淸眞寺)이다.

    모스크의 특징은 둥근 지붕과 건물을 둘러싼 미너렛이라 불리는 첨탑이다. 벽면은 불교의 탱화나 기독교의 성화로 장식한 것이 아니라 쿠란의 구절이나 아라베스크 무늬로 장식한다. 이는 이슬람교가 마호메트 초상화 등 종교에 관련된 그림을 금지했기 때문이다.

    이곳 카슈가르에서 전통양식을 그대로 보존하고 있는 아이드카 청진사

를 방문했다. 카슈가르 시내 중심가에 위치하고 있는 이 사원은 카슈가르를 상징하는 의미를 넘어 위구르족 삶의 중심에 있는 이슬람 사원이다. 과거에는 이슬람 대학으로 사용되었지만 지금은 예배장소로 사용하고 있다.

중국에서는 이슬람교를 위구르족(回紇族)을 통하여 전래되었기에 후이후이교(回回教) 또는 청진교(淸眞教)라고 하며, 이슬람 사원은 청진사(淸眞寺)라고 부른다. 이드카는 위구르어로 '기념일에 예배드리는 장소'와 '축제의 광장'이라는 두 가지 의미로 사용된다.

하루 네 차례 무슬림들은 이곳에 모여 메카를 향해 기도를 올린다. 하루 네 번 절대자를 찾는 이들은 무엇을 빌고 또 빌었을까? 기도를 마친 이들의 얼굴 역시 굳어있기는 마찬가지다. 사원 앞에서 기도회가 열릴 때마다 진풍경이 연출되기도 한다. 기도할 때 입을 옷을 빌려주는 사업이 성업 중이다.

이슬람 사원을 직접 들어가 보기로 했다. 예배 시간에는 방문하지 못한

다. 낯선 이의 등장을 무슬림 노인들이 침묵으로 용인한다. 사원 안은 여느 종교 시설과 마찬가지로 조용했다. 난생 처음 들어와 보는 이슬람 사원이다. 엄숙하고 경건한 분위기만은 여타의 종교와 다르지 않다. 이런 곳이라면 역시 경계의 마음을 내려놓아도 될 것 같았다. 좁은 공간이지만 평화가 있는 곳이었다. 평화로운 건물 위의 단청이 꼭 사찰 단청처럼 보였다. 세상 모든 종교인들의 바람은 다르지 않을 것이다. 평화롭고 따뜻한 세상을 지향하는 것은 모든 종교인들의 한결같은 염원일 것이다. 그 마음을 낯선 절대자에게도 바쳤다.

분쟁과 갈등의 씨앗을 안고 있는 신장 위구르의 도시 거리에는 평화의 상징 비둘기가 유난히 많았다.

침묵 속에 흐르는 갈등을 보다

평화의 불은 곤륜산맥을 바라보면서 카슈가르를 출발하여 잉길스와 예청을 지나 호탄에 이르렀다. 이 길은 사막 길로 530km다. 실크로드의 서역남로(西域南路)에 해당한다. 서역남로 중심부에 위치한 호탄은 실크로드 역사에서 매우 중요한 위치를 차지한다.

호탄은 곤륜산에서 발원한 동쪽 백옥강과 서쪽의 흑옥강 두 사이에 위치하여 땅이 비옥하고 기후가 온화한 서역 최대의 오아시스 지역이었다. 이곳에서 생산되는 견직물, 모직물, 그리고 품질 좋은 옥(玉)은 호탄을 일찍이 대상 무역의 중심지로 만들었다. 이러한 경제력을 바탕으로 당대 서역 최고의 왕국이 될 수 있었다.

이탈리아 베니스 태생의 세계적 여행가 마르코 폴로는 《동방견문록》에 이렇게 적고 있다. "호탄 주민들은 모두 마호메트를 신봉한다. 많은 도시와 마을이 있으며, 그중 가장 훌륭한 도시이자 그 나라의 수도를 호탄이라 부르는데, 그것은 그 지방의 이름이기도 하다. 모든 것이 풍부하고 면화가 많이 자란다. 포도밭과 울타리와 정원이 많고, 주민들은 교역과 수공업으로 생활하지만 전사들은 아니다."

마르코 폴로의 기록과 현장 스님의 기록을 비교하면 그 삶과 문화가 확연히 다르다. 동양인과 서양인이 보는 눈이 다르고, 그리 길지 않은 세월임에도 주민들의 종교가 완전히 바뀌었다.

차창 밖으로 보이는 호탄의 사람들은 온통 짙은 눈썹, 깊은 눈매, 오똑한 콧날을 지닌 위구르 인들뿐이다. 나귀가 끄는 리어카

를 타고 분주하게 움직이는 위구르 인들의 모습을 바라보는 동안 자동차는 하룻밤을 묵어야 할 호탄에 도착했다.

자동차에서 내려 주위를 둘러보니 한국에서 온 수행자의 모습이 신기한지 사람들이 고개를 갸웃거린다. 중국 땅이 아무리 거대하다고는 하지만 이렇게 다르게 생긴 사람들을 계속 보고 있으니 호기심보다 몸과 마음이 경직되었다.

호탄은 규모가 큰 도시가 아니어서 걸어 다니기에 편리하다. 하지만 순례 가이드가 한사코 여행을 만류한다. 이 도시가 겉보기에는 평화로워 보이지만 그 이면에는 대립과 갈등이 있고 과격한 분리 운동가들의 폭력과 소요가 언제 일어날지 모른다는 것이다. 그저 가슴이 아파왔다.

평화가 사라진 지역에 서다

　오래 간직하고 싶은, 상쾌하고 평화로운 이른 아침에 도심을 둘러보기 위해 도심으로 나아갔다. 그러나 어쩔 수 없이 우리는 잠시 풀어놓았던 평화로운 마음을 거두어야 했다. 어디선가 강도나 살인범이 출범하기라도 한 것일까. 거리 곳곳에서 이른 아침임에도 지나가는 행인들을 검문검색하고 총을 든 군인들이 삼엄하게 거리를 경계한다. 이것이 중국의 가장 서쪽 신장 위구르 자치구에서 일어나는 일상이었다.

　이곳 역시 위구르 인들의 독립 요구가 거센 곳이다. 카슈가르에서 호탄의 치안이 불안하다는 이야기를 듣고 왔지만 확실히 경계 강도가 카슈가르보다는 엄중하였다. 군데군데 무장한 군인들이 경비를 서는가 하면 도로 통제를 하는 곳도 많았다. 거리 곳곳에서 눈빛을 빛내는 경찰 역시 행인들을 주시한다. 광장에는 보란 듯이 장갑차들이 줄지어 서 있다. 주민들의 일상 생활은 정상적으로 돌아가고 있는 듯했지만 순례자들에게 이러한 풍경은 충분히 위협적이었다.

아슬아슬한 긴장이 유지되고 있는 곳이자, 인종과 종교 갈등이 언제 터질지 모르는 곳이다. 그래서일까? 주민들의 얼굴에서 웃음기를 찾아보기란 쉽지 않다. 시장 역시 특유의 왁자지껄한 분위기 대신에 묘한 침묵이 지배하고 있다.

　이곳 주민의 대다수는 무슬림 회족이다. 중국을 지배하고 있는 한족과는 전혀 다른 인종, 전혀 다른 종교를 가진 사람들이 동일한 공간에서 생활한다. 바로 이런 차이가 분쟁의 원인이었다. 이를 어떻게 극복해야 평화의 세상이 펼쳐질까?

● 타클라마칸 사막에서 감회에 젖다

평화의 불은 이글거리는 태양이 내리쬐는 타클라마칸 사막에 이르렀다. 눈으로 보이는 곳에는 오직 모래뿐인 사막이었다. 거뭇거뭇해진 하늘 위로 독수리가 저공비행을 하고 있었다.

타클라마칸 사막은 원래 물이 모이는 곳이었다. 그런데 하늘과 땅이 모두 바뀌는 날, 호수는 마른 모래사막이 되었다. '한번 들어가면 결코 살아나올 수 없다'는 뜻을 가진 끝없는 사막이 되었다.

인도로 향하던 구법승들과 페르시아를 오가던 대상들이 중국 내륙으로 가기 위하여 반드시 거쳐 가야하는 곳이 타클라마칸 사막이다. 반경 100m 정도의 크고 작은 사구(砂丘)들 사이에 있는 죽은 사람과 짐승의 뼈를 보면서 길을 찾아야 하는, 사느냐 죽느냐 하는 생사의 갈림길이었다. 하지만 위세 등등하던 타클라마칸 사막도 세월이 흘러 사막 한가운데에 길이 났다. 이제는 철모르는 아이들이 뛰어놀 만큼 그 기세가 한풀 꺾였다.

1,300여 년 전, 신라의 구법승 혜초 스님은 20대의 나이로 목숨을 걸고 이

길을 지나갔다. 그때도 오늘처럼 폭풍이 몰아쳤을까? 혜초 스님은 진리와 깨달음을 찾아 이 고행의 길을 걸었다. 우리들이 걷는 평화의 길과 혜초 스님의 구법의 길은 같은 것일까? 다시 자문한다.

사막을 건너던 중, 인공 구조물의 흔적을 발견했다. 한때 융성했던 불교 유적지이다. 그러나 지금은 이렇게 사막 모래에 뒤덮이고 말았다. 생겨나고 융성하고 소멸하는 것이 불변의 법칙이기에 어쩌면 오늘날의 모든 분쟁과 갈등도 그 법칙을 따라 언젠가는 평화로 바뀔 것이다.

길도 없는 길에서 21세기를 사는 사람들에게 가슴에 품고 있는 작은 불씨 하나가 소통과 평화로 이끄는 불씨가 될 수 있기를 바랐다. 많은 이들이 함께한 간절한 염원이 이 불꽃으로 결집된다면 평화로운 세상을 앞당길 수 있을 것이다. 그러한 날이 빨리 왔으면 싶다.

사막을 건너는 동안 가슴 한 구석이 따끔따끔 쓰라린 느낌을 조금 받았는데, 나중에 보니 가슴에 물집이 잡혀 있었다. 평화의 불을 담은 손난로를 웃주머니에 넣고 다녔는데 그 열에 데어 화상을 입은 것이다. 내내 뜨거운 줄도 모르고 다니다니 어지간히도 감각이 둔한 모양이다. 아니면 고통을 모를 만큼 바람이 간절했던 것일까.

● 무한한 시간과 공간은 소리를 내지 않는다

천산신비대협곡(天山神秘大峽谷)은 해발 2,000m에 10km의 황토색 절벽과 산들에 둘러싸여있다. 옛날 실크로드를 횡단하던 구법승과 대상들은 저 깊은 협곡을 지나가면서 어떤 마음을 가졌을까. 자연의 신비함과 장엄함 앞에서 그들은 희노애락(喜怒哀樂)을 어떻게 다스렸을까? 이 경외지심 앞에서 초라함과 나약함을 절감했을까? 아니면 무섭고 두려웠을까?

평화의 불을 모시고 대협곡으로 성큼 들어섰다.

기암괴석의 높은 직벽(直壁)을 쳐다보면 자연의 신비함이 압도한다. 주위는 조용하고 바람도 잠잠하다. 괜히 절벽 위에서 돌과 바위 그리고 화살이 날아드는 상상을 한다. 매복군이 순례자들을 무차별하게 공격한다. 적군이 허락하지 않는다면 바람도 빠져나가지 못할 지경이다. 영화에서 보던 주인공의 부대가 위험에 처한 상황이 현실인 양 그려진다. 머리를 설레설레 흔들며 주위를 둘러본다.

잡념이 사라지자 고요가 찾아온다. 천산신비대협곡은 자연에 대한 경외감을 절로 일어나게 한다. 말로 설명할 수 없는 장엄한 비경(秘境)이었다. 무한한 시간과 공간은 그 어떤 소리도 내지 않는다. 그저 그렇게 존재할 뿐이었다.

걸음을 옮길 때마다 신발에서 차락차락하는 소리가 협곡 안으로 울려 퍼졌다. 호흡이 가빠지자 숨소리도 더욱 크게 들린다. 평화를 찾아 구법의 길을 떠났던 혜초 스님과 구법승들을 생각하며 평화의 불을 모시고 계곡을 걸었다. 수백 개의 기하학적인 문양에 자연적으로 만들어진 기암절벽들이 끝도 없이 펼쳐지고 있었다. 내 자신이 한없이 작아지는 느낌이 들었다. 잠시 쉬려고 그 자리에 가만히 섰다. 조용하다. 소리가 사라졌다. 그 흔한 새소리와 바람소리까지도 없는 절대 고요였다. 갑자기 마음과 생각이 텅 비어버린 듯하다. 평화로운 적막이 찾아왔다.

　이 거대한 자연 앞에 미미하기만한 존재인 인간들이 갈등과 대립으로 살아감을 아쉬워하며 평화의 불을 바라보니 불빛도 고개를 숙이는 듯하다. 편협한 마음을 천산대협곡에 슬며시 내려놓고 평화의 불을 소중히 보듬어 안고 협곡 밖으로 나왔다. 자연 앞에 고개를 숙인다. 눈에 보인다고 믿는 것이 아니라 마음으로 느껴야 평화가 오는가 보다.

구마라습(鳩摩羅什)의 채취를 느끼다

　평화의 불 이운 순례의 여정이 중반부에 접어들면서 쿠차를 거쳐 흙먼지가 나는 비포장도로를 달려 키질 석굴로 향했다. 쿠차에서 서쪽으로 약 75km 떨어져 있었다.

　미모타그 산 절벽이 1km에 걸쳐 펼쳐진다. 혜초 스님은 《왕오천축국전》에서 "소륵(오늘의 카슈가르)에서 동쪽으로 한 달을 가면 구자국에 이른다. 안서대도호부가 있는, 중국 군사의 대규모 집결처다. 절도 많고 승려도 많으며 소승법이 행해지고 있다. 고기와 파, 부추 등을 먹는다. 중국 승려들은 대승법을 행한다."고 행적의 시간을 밝힌 곳이다.

　중국의 3대 석굴은, 1987년 세계유산에 등록된 둔황 막고굴(敦煌 莫高窟), 2001년 세계유산에 등록 된 산서성의 운강석굴(雲岡石窟), 2000년 세계유산 등록된 하남성의 용문석굴(龍門石窟)이다. 중국의 4대 석굴로 칭해지는 키질 석굴은 당연히 그 조성연대가 가장 빠르다.

　키질 석굴은 서기 3세기부터 9세기에 걸쳐 조성되었고 지금까지 확인된

석굴이 236개이며 벽화가 남아있는 곳이 75개, 발굴되지 않은 것까지 합치면 400개가 넘을 것이라고 추측하고 있다.

석굴이 산재한 산등성이 아래, 깊은 묵상에 잠긴 스님의 동상이 정원에 있다. 마른 몸을 조각한 모습이 특징이고 그 뒤로 잘 자란 백양나무 잎들이 은빛으로 반짝인다. 구마라습(鳩摩羅什)의 전신상이다.

쿠차는 이곳 출신의 승려인 구마라습(鳩摩羅什)에 의해 불교가 전파된 것으로 추측된다. 쿠차 왕족 출신의 구마라습은 7살 때 어머니를 따라 출가한 뒤 9살의 나이로 인도로 유학을 떠나 12살에 다시 자신의 나라인 쿠차로 돌아왔다.

이후 카슈가르에서 불교를 포교하다 다시 구자국으로 돌아와 왕의 법사가 되었다. 특히《반야심경》,《법화경》,《금강경》등 35부 294권에 이르는 불경을 번역하며 현장(玄奘) · 법현(法顯) 스님과 함께 중국 3대 역경승(譯經僧)으로 추앙받고 있다. 아마도 혜초 스님도 1300년 전 이곳 쿠차를 들렀다면 구마라습이 전파한 불교를 접했을 것이다.

서기 382년, 구자국이 전진(煎秦)에 의해 패망하면서 구마라습은 장군 여광(呂光)의 포로가 된다. 구마라습은 여광이 건국한 후량(後凉)에 억류되어 있다가 서기 401년 후진(後秦)의 황제 요흥에 의해 수도 장안으로 모셔졌다. 황제 요흥은 구마라습의 설법을 들으며 불심을 키웠고, 구마라습 역시 오랫동안 중국에 있었기 때문에 한문에 통달해 있었다.

황제 요흥은 구마라습을 위해 초당사(草堂寺)에 불경 번역소를 설치하고 물

심양면으로 후원했다. 이 역경원에서 구마라습은 《법화경》을 비롯한 많은 불경을 번역했다. 열반에 들기 직전, 구마라습은 "내가 번역한 불경에 틀린 것이 없다면 나를 화장(火葬)해도 혀는 타지 않을 것이다."라고 했는데, 화장한 뒤에도 과연 혀만은 타지 않고 남아 있었다는 일화가 전해진다.

키질 석굴은 많은 부분이 약탈당했다. 벽에는 문화재를 훔쳐가기 위해 도려낸 자국이 선명하다. 평화와 온 세상의 모든 사람들이 행복을 염원하며 정성스럽게 새겼을 조각품들을 상상하며 방에 난 작은 창문으로 밖을 보았다.

하늘은 푸르고 나무도 풍성한 한낮이건만 바람은 흙먼지를 일으켜 마음

을 심란하게 한다. 조각가들의 채취가 지금도 남아 있는 듯한 작은 방에서
잠시 눈을 감고 넋을 달래본다. 그리고 진정한 평화를 이루고자 했던 고승
들의 이야기를 되짚어 보았다.

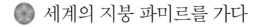 세계의 지붕 파미르를 가다

다시 자동차에 몸을 실었다. 궂은 날씨에 구불구불한 산길을 달리는 것이 여간 고역이 아니다. 하지만 가야 할 길이 멀기에 잠시라도 여유를 줄 틈이 없다. 그런데 어찌된 영문인지 좁은 산길 도로가 꽉 막혀 움직이질 않았다. 위로는 석벽(石壁), 아래로는 낭떠러지 사이에 낸 좁은 도로를 지나는데 사고 차량이 보인다. 평화의 불을 이운하는 여정 중 어딘가에서 예측하지 못한 불운이 찾아올 것 같아서 그저 쓸쓸했다. 평화를 향한 길은 그렇게 멀고도 심란했다.

오랜 기다림 끝에 카라코람 하이웨이에 이르렀다. 이곳이 세계에서 가장 높은 도로, 거칠고 험하기로 악명 높은 카라코람 하이웨이다. 세계의 지붕이라 불리는 파르미 고원과 쿤자랍 고개를 향하는 중국대륙을 횡단하는 길목이다. 곳곳에 널려 있는 산사태의 흔적과 천 길 낭떠러지와 먼 설산이 함께하는 카라코람 하이웨이는 파키스탄과 중국을 잇는 길이다. 그 옛날 낙타대상들이 넘나들었던 실크로드를 이제는 대형화물차들이 분주하게 오

평화의 불, 갈등지역에 운거하다

간다.

여정이 중단되고 말았다. 빠듯한 일정에 차질이라도 생기는 것은 아닐까? 기다리다 못해 결국 차에서 내리는데 도로가 금방 무너질 거 같았다.

아닌게 아니라. 화물차가 전복된 대형 사고가 발생해 있었다. 이 도로는 원래 위험한 곳인데 트럭이 브레이크 파열로 전복된 것이다. 사고 수습에 대여섯 시간이 길렸다. 그나마 이렇게라도 수습되는 것이 다행이란다. 현지인들은 이런 상황에 익숙한 눈치다.

어렵게 길이 뚫렸다. 평화의 불 이운 행렬은 실크로드로 통하는 파미르 고원과 마주했다. 세계의 지붕이라 불리는 파미르 고원은 동쪽으로는 신장 위구르 자치구가 있고 서쪽으로는 파키스탄 남쪽과 아프가니스탄의 국경 지대를 걸치고 있다.

평화의 불도 다시 여정을 이어 나간다. 언제 무너져 내릴지 모를 도로다. 해발 5,000m 고개를 수없이 넘어야 하는 이 길을 구법승 혜초 스님 역시 1,300여 년 전 목숨 걸고 넘었다. 진리를 찾아 이 길을 넘었던 혜초 스님과 한반도 평화를 위해 이 길을 넘는 한 수행자의 오늘이 다르지 않을 것이다.

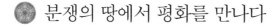 분쟁의 땅에서 평화를 만나다

평화의 불 이운길에 극심한 더위를 체험하는가 했더니 이제는 맹추위의 겨울을 만났다. 고요 속 평화와 순백의 설경이다. 7일도 체 되지 않은 사이에 극과 극의 계절을 만나고 지금까지 볼 수 없었던 대자연의 신비를 본다.

광활한 초원에서 유유자적 풀을 뜯는 야크와 양들은 여유롭다. 유목민들이 방목(放牧)해 기르는 가축이다. 그들에겐 무엇에도 구애받지 않고 자신의 자리를 지켜낸 여유가 넘친다.

지상에 선을 긋고 경계를 만드는 것은 인간이었다. 그리고 그 경계는 갈등과 분열을 조장했다. 모두가 인간의 공업(公業)이었다. 그 모든 것이 얼마나 덧없는 것인지 새삼스러워진다. 경계도 차이도 없는 세상, 이 순백의 대지처럼 깨끗한 마음들이 사는 곳이 바로 평화로운 세상이 아니겠는가? 그 단순한 진리를 어찌하여 인간의 역사는 그토록 집요하게 외면해 왔을까? 생각하니 가슴이 답답해졌다. 누구나 맑고 청정한 마음을 가진다면 평화와 자비의 세상은 저절로 구현될 터이다.

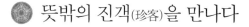 뜻밖의 진객(珍客)을 만나다

인적이라곤 없을 것 같은 이곳에서 뜻밖의 진객(珍客)을 만났다.

신혼부부가 사진 촬영을 하고 있었다. 갈등과 분쟁의 땅에서 가장 평화롭고, 처음으로 활기를 느끼게 하는 모습이다. 대자연 속에서 인생의 첫 출발을 아름답게 장식하고 있는 신혼부부의 모습은 빛났다. 중국에서부터 열차를 타고 꼬박 이틀을 달려 축복과도 같은 사진 한 장을 남기러 온 그들이었다. 자연과 사람이 하나되는 순간이 가장 아름다움을 여실히 보여주고 있었다. 적지 않은 인연이라 생각하여 새로운 출발을 하는 부부에게 축원(祝願)의 인사말을 건넸다.

"안녕하세요? 불가(佛家)에서는 지나가다 옷깃만 스쳐도 삼생의 인연이라 하는데 두 분이 부부 인연을 맺은 걸 보니까 수백생의 인연인 것입니다. 앞으로 정말로 평화롭고 행복하게 살기를 이 스님이 기도하겠습니다."

말은 통하지 않아도 진심은 통했음인가?

"저희 결혼을 축하해 주셔서 감사합니다. 스님께도 평안을 빕니다."

　부부는 두 손을 앞으로 모으고 정성스럽게 인사를 한다. 선한 진심은 이렇게 통하는가 보다. 마음이 흐뭇하다.

　대자연의 품에서 사바세계의 일들을 다시 생각해 보았다. 마음이 없으니 진심이 있을 리가 없다. 사람들이 간절히 원하는 평화와 자비의 세상은 마음에서 시작할 터이다.

　삼라만상 모든 생명과 인간이 자연 속에서 조화를 이루는 그런 세상을 다시 여망하며 다시 장도(長途)의 길에 올랐다.

150

평화의 불, 갈등지역에 운거하다

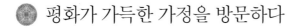# 평화가 가득한 가정을 방문하다

세상 사람들이 가까이 하기 어려운 높고 높은 설산. 그곳에도 초원이 있고 사람들은 무리지어 산다. 해가 뜨면 남자들은 가축을 몰고 나가고 마을을 지키는 이들은 아이들과 부녀자들뿐이다. 낯선 이들이 신기하고도 두려운 이들이지만 금방 마음을 연다. 말을 붙이니 서슴없이 대화를 하고 외지인을 자신의 집으로 초대한다.

가족들이 공동으로 만들어 놓은 그들의 작은 집은 참으로 단순한 우주이다. 규모와 세간은 단출했지만 공간은 따뜻했다. 이방인에게 내놓는 식사 대접은 이들의 주식인 '낭'이다. 그 집의 어린아이는 천진불이었다.

"네가 조금 더 먹어. 같이 먹자. 맛있어."

이방인이 건네는 말에 아이의 초롱초롱한 눈망울이 아름답게 빛난다. 상대를 배려하는 사심 없는 마음이 자연스레 흘러나온다. 평화의 세상은 이렇듯 작은 데서 비롯되는 것은 아닐까? 생각해 보았다.

손님이 왔다고 이렇게 음식을 내놓고 정성스럽게 대접한다. 대화는 잘 통

하지는 않았지만 마음은 통하는 듯했다. 고맙게, 맛있게 먹었다. 세상과 동떨어져 살아가는 이들의 바람도 역시 '평화' 하나였다. 욕심을 내려놓은 혹은 내려놓을 수밖에 없는 삶. 어쩌면 이것이 바로 평화의 삶인지도 모른다는 생각이 들었다. 이렇게 비우고 나누는 삶을 자연스레 실천하는 이들을 이 지역에서는 곳곳에서 만날 수 있었다.

발품을 덜어주겠다며 나귀가 끄는 자신의 마차에 동승(同乘)을 권한 이를 만난다. 수박을 실은 마차였다. 직접 농사지은 과일을 나누어주며 외지인의 긴장된 마음을 풀어 놓는다. 이 길지 않은 만남에도 역시 평화가 깃들어 있었다. 세상에 이런 사람들만 살아간다면 굳이 평화의 불이 필요하지 않을지도 모를 일이다.

세계에서 가장 높은 국경을 가다

　카라코람 하이웨이를 달려 평화와 갈등이 공존하는 쿤자랍 고개(Khunjer-ab Pass)에 이르렀다. 중국과 파키스탄으로 나누어지는 북쪽 국경은 해발 4,693m로 세계에서 가장 고도가 높은 국경이다. 일명 '하늘 길'이라 애칭되는 그 길에, 인간이 그려놓은 경계선에 평화의 불이 섰다. 이곳의 경관은 평화 그 자체였으나 국경 경비대의 행동과 모습은 모든 감시자들이 그렇듯이 위압적이다.

　SNS에서 본 사진 한 장이 떠올랐다. 중국과 파키스탄의 군인 두 명이 손을 잡은 채 국경 표지석으로 보이는 축대 위에 다정하게 앉아 있는 모습이었다. 지구의 지붕이라는 파미르 고원 언저리인 이 지역은 험난하고, 사람이 찾지 않는 세계적인 오지이다. 적군과 동석한 이 사진을 본 어떤 사람이 "너무 외로우면 친구가 되는

법"이라고 댓글을 달아놓았다.

　하지만 과연 외로움만이 이유일까? 어떤 사람이나 평화를 희망한다. 이 것이 보편적인 가치이자 사람의 본성이다. 생명이 있는 모든 것은 본능적 으로 자신의 생명을 지키고 안정시키고자 한다. 심신이 평온한 상태. 이러 한 각자의 본성에 충실한 군인 두 사람의 모습은 자연스러울 수밖에 없다. 언젠가 한반도 155마일 휴전선에서 대치하고 있는 군인들이 이처럼 손을 잡고 다정하게 이야기를 할 수 있을까?

　중국의 국경초소인 홍치라포에는 새로 멋지게 지은 건물 두 개가 서 있 고, 군인 몇 명이 나와서 월경하는 사람들을 통제하고 있었다. 이곳은 외국 인 출입 통제 구간이므로 더 이상 갈수가 없었다. 중국 국경 경비대에 한 시

간여를 평화의 불에 대한 설명을 덧붙이고 사정하여 잠시 파키스탄과의 국
경선을 넘었다.

워낙 고산지대이다 보니 머리가 어지럽고, 가슴이 답답하다. 숨쉬기가 힘
들었다. 쿤자랍 고개 주변의 고봉들이 평화의 불을 내려다보는 듯했다. 파
미르는 하얗고 푸르른 자태로 온 세상을 내려다보고 있었다. 그 옛날 구법
승들이 걸어서 이 험한 고개를 넘으면서 겪었을 고생을 생각하니 저절로
옷깃이 여며졌다.

그대는 서번(西蕃·서쪽의 변방)이 먼 것을 한탄하나
나는 동방으로 가는 길이 먼 것을 한탄하노라

길은 거칠고 눈은 산마루에 수북이 쌓였는데

험한 골짜기에는 도적이 들끓는구나.

새는 날다 깎아지른 산 위에서 놀라고

사람은 좁은 다리를 건너며 어려워한다.

평생에 눈물 흘린 일이 없었는데 오늘만은 천 줄이나 뿌리도다.

쿤자랍 고개를 넘으며 혜초 스님은 자신의 심정을 이렇게 《왕오천축국전》
에 기록했다.

가정의 평화를 위해 오갔을 대상들, 중생의 평화를 위해 걸었을 구법승
들, 그 옛날 오고가던 사람들은 이 고개에 오르면서 어떤 생각을 했을까?
인간이 그어놓은 경계선을 오가는 사람들은 평화, 사랑, 부귀 등 자신이 추
구하는 무엇인가가 이루어지길 염원했을 것이다. 그런데 이제는 분쟁과 갈
등의 최전선이 되었다.

잠시 파키스탄 땅을 밟고 중국 땅으로 발길을 돌렸다. 그리고 평화의 불
이 이곳에 왔다는 것으로 위안을 삼았다. 그런 위안이 있었기에 아쉽지만
발걸음을 돌릴 수 있었다.

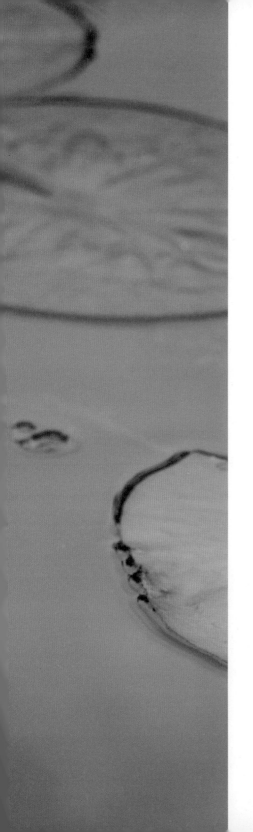

3장

평화의 불,
평화의 길을
개척하다

투루판은 인간의 위대함을 다시 한 번 볼 수 있는 곳이다. 중국에서 가장 낮고, 가장 덥고, 가장 건조한 땅을 '풍요로운 땅'으로 만든 카얼정과, 제행무상을 깨닫게 해준 옛 고성, 또 하나의 화약고 신장 위구르 자치구 성도 우루무치(烏魯木齊)도 평화의 불이 필요한 곳이다.

서역 상인들이 처음으로 거쳐 가는 교역도시 둔황(敦煌)을 거쳐 명사산을 순례했다. 난주 보은사와 천수 길상사에 처음으로 평화의 불을 분등(分燈)했다. 실크로드의 출발지 서안 법문사(法門寺). 이곳에도 평화의 불씨를 내려놓았다. 중국 스촨성 지진으로 인한 희생자들을 추모하고 세계 평화와 남북의 화해를 발원하는 뜻깊은 자리였다.

서안에서 신라 혜초 스님 기념비를 접하면서 세월의 무게를 실감했다. 용문석굴과 소림사를 방문하여 세속화되어가는 불교의 모습을 보며 호국불교의 참모습을 생각해 보았다.

서안에서 평화의 불이 압록강을 건너 평양을 거쳐 임진각 평화누리 광장에 가기를 기대했다. 그러나 바람이 어긋나 뱃길을 통해 갈 수밖에 없었다. 세계평화를 기원하고 부처님의 자비광명이 온 인류에 고루 퍼져 행복한 지구촌이 되기를 기원하는 평화의 불은 남북의 평화통일과 화합의 불꽃으로 영원히 타오를 것이다.

척박한 땅에서 풍요를 보다

평화의 불은 투루판으로 이동했다. 타클라마칸의 가장 최북단에 자리 잡은 오아시스 도시 투루판은 죽음의 땅을 지나온 여행자에게 생명과 같은 곳이다.

투루판의 북서쪽은 우루무치, 남서쪽은 카슈가르, 남동쪽은 감숙성으로 연결되는 교통의 요지이다. 또 이 도시의 북서쪽에 있는 야르호토는 한대(漢代)의 사서(史書)에 차사국(車師國)이라고 기록된 교하성(交河城)이 있다. 남서쪽의 카라호자는 고창국(高昌國)의 수도였던 고창성(高昌城)이다. 이곳은 해수면보다 280m 낮은 지점에 해당하므로 '아시아의 우물'이라고 일컬을 만큼 지리학상으로 유명하다.

투루판 남쪽에 있는 아이딩호의 수면은 해발 -154m이다. 세계에서 가장 낮은 -392m의 사해 다음으로 저지대이다. 여름 평균 기온이 50℃를 오르내리고 지표면은 최고 83℃까지 올라가는 불의 땅이다. 연평균 강수량은 16.6㎜에 불과하고 증발량은 강수량의 180배인 3000㎜에 달하는 건조한

모래땅이다.

이곳은 중국에서 지대가 가장 낮고, 기온이 가장 덥고 가장 건조하다. 이런 혹독한 자연 환경임에도 투루판은 돌궐어로 '풍요로운 땅'이라 불린다. 고대 투루판 인들이 인공 지하수로 '카레즈(카얼정)'을 건설했기 때문이다.

투루판 길 주변으로 포도밭들이 연이어 있다. 포도밭, 포도 창고, 포도즙, 밀린 포도 등 포도와 관계되는 것들이 많나. 포도 창고는 커다란 네모 집에 격자로 흙벽돌을 쌓아 만들어 통풍이 원활하다.

건조한 기후와 풍요로운 햇살은 '카레즈'에서 공수된 물을 만나 세상에서 가장 당도가 높은 포도를 만들어낸다.

중국의 미식가들은 오로지 포도를 맛보기 위해 투루판을 찾는다. 풀 한포기 자라기 힘든 삭막한 땅에서도 생명은 그렇게 질기고 억척스러웠다. 부질없이 소멸하는 것들을 가로질러 머나먼 서쪽 끝에서 평화를 찾기 위해 천축으로 향했던 구법승들에 대한 존경심이 더해졌다.

◉ 번뇌의 지역에서 스스로를 되돌아보다

투루판에 있는 훠예산(火焰山). 우리 말로 읽으면 화염산이다. 여름철이 되면 지표에서 피어오르는 열기 때문에 문자 그대로 불타오르는 것처럼 보인다고 하여 이런 이름이 붙었다. 《서유기》에서 삼장법사 일행은 화염산을 지나가기 위하여 불을 끌 수 있는 파초선(芭蕉扇)이란 부채를 얻고자 철옹(鐵翁) 공주와 한판 승부를 벌인다. 결국 파초선을 빌려 49번의 부채질을 함으로써 불씨를 끄고 비가 내리게 해 무사히 화염산을 넘었다.

7세기경 현장 스님은 소설의 주인공처럼 이곳을 지나 인도로 갔다. 이제 21세기에 우리는 평화의 불을 안고 화염산보다 더 뜨거운 염원을 가슴에 담고 이곳을 찾았다.

화염산은 여름에는 기온이 48℃나 되고 지표면 온도는 70℃를 넘는다. 계란을 모래에 묻어놓으면 삶아질 정도이고 중국에서는 제일 무더운 지역으로 알려져 있다. 햇빛에 의해 달구어진 지표면에 아지랑이가 어른거리면 마치 산 전체가 불에 싸여 이글거리는 것처럼 보인다. 열기에 이글거릴 때 화염산의 온도는 평균 60℃를 넘기 때문에 이 시기에는 아직 아무도 이 산을 오르지 못한다. 산의 최고봉은 높이가 850m에 불과하지만 해수면보다 낮은 투루판 분지에서는 대단히 높게 보인다.

인간은 '평화'를 얻기 위해 노력한다. 이 평화를 얻기 위한 과정에서 수많은 사람이 고통을 감내했고, 희생되었다. 이렇게 극한의 땅을 직접 밟는 것 또한 수행이다. 지금 있는 자리가 얼마나 평안한 곳인지, 지금 누리는 삶이 얼마나 편안한 것인지, 감사함을 되새기는 소중한 계기였다.

 생주이멸(生住異滅)의 진리를 보다

평화의 불은 옛 투루판의 중심지 고창고성(高昌古城)에 도착했다.

투루판 시내에서 동쪽으로 46km 떨어진 화염산 기슭 오아시스에 세워진 고창성은 후한(後漢)시대인 91년 축성되었다. 한나라가 투루판을 점령한 뒤 작은 성(城)을 쌓고 500명의 군사로 하여금 주둔하게 한 것이 시초였다.

5세기 무렵, 고창국이 세워지자 고창성은 어엿한 수도가 되어 동서 문명의 접점으로서 번영을 구가했다. 특히 지배계층이 대륙에서 흘러들어온 한족이었던 까닭에 대대로 불교를 숭상했으며 찬란한 불교문화를 꽃피울 수 있었다. 현장 스님이 처음 방문했던 7세기 초반은 고창국 최고의 절정기였다. 둘레 1km의 궁전 주위로 사찰들이 빼곡하게 들어서 있는 모습은 장관이었을 것이다.

이곳에서 현장(玄奘) 스님은 신심 깊은 불자였던 고창국의 왕 국문태(麴文泰)를 만난다. 왕은 스님의 명성을 듣고 머물 공간을 제공했다. 국왕에게 최고의 대우를 받으며 2개월간 머물면서 설법을 행했다. 왕은 현장 스님에게

국사(國師)가 되어줄 것을 청하며 억류했다. 하지만 "천축에 닿기 전까지는 한 걸음도 동쪽으로 옮기지 않겠다."며 곡기(穀氣)를 끊어버리는 스님의 의지는 꺾을 수 없었다. 대신 현장 스님은 고창고성에서 백성들에게 법문을 해주었다. 왕은 감사의 표시로 25명의 수행원과 말 30필 그리고 서역을 무사히 통과할 수 있는 통행증을 건네며 현장 스님을 배웅했다. 스님은 천축에서 돌아올 때 고창국을 다시 찾겠다는 약속을 남기고 길을 떠났다.

당시에는 오직 지배층과 왕족들만이 현장 스님의 강론을 들을 수 있었고, 민중들은 그렇지 못했다. 민중들은 일렬로 늘어서서 이야기 전달꾼들을 통해 설법 내용을 전달받으며 강론을 들을 수 있었다. 평화를 갈구하는 백성들이 듣고 싶어 했던 가장 평화로운 말씀을 들을 수 없었음에 가슴이 팍팍해진다.

하지만 성(盛)하고 흥(興)한 것들은 필히 쇠(衰)하고 망(亡)하기 마련이니, 고창국도 그러한 진리에서 벗어날 순 없었다. 7세기 중반, 서돌궐을 정복하려 했던 당나라는 20만 대군을 보내 일대를 휩쓸었고, 고창국도 그 과정에서 멸망했다. 뒤늦게 다다른 현장 스님은 결국 국왕과의 약속을 지키지 못하고 귀국해야만 했다.

고창고성의 유적은 둘레가 5km다. 걸어서 둘러보기엔 시간이 너무 지체되어 당나귀가 이끄는 마차를 타기로 했다. 마차가 천천히 움직이며 고창고성 구석구석을 훑는다. 어디를 둘러보아도 폐허만이 가득하다. 허물어진 성벽과 터만 남은 건물의 잔해가 어떠한 의미도 만들어내지 못한 채 널브러져 있다.

평화의 불, 평화의 길을 개척하다

온전한 것이라곤 마차가 다닐 수 있도록 만들어 놓은 도로가 전부다. 카메라를 들고 몇 컷 찍어보았으나 동일한 피사체만 담긴 것이 허무할 뿐이다. 그저 얌전히 손을 내려놓고 흥망성쇠의 숙명을 되짚어 보는 게 나을 듯싶었다.

을씨년스러운 폐허에 마음이 지쳐갈 무렵 마차가 멈춰 섰다. 붉은 흙벽돌 폐허 사이로 나무로 만든 길이 있었다. 평화의 불을 모시고 현장 스님이 평화를 설법했을 대불사(大佛寺)를 찾았다.

조금 걸어가자 널찍한 공간과 어느 정도 복원된 전각(殿閣)이 나왔다. 돔 형태의 설법당, 탑을 모셨던 주전(主展)이 광장을 둘러싸고 있었다. 왕의 간청에도 뜻을 굽히지 않았던 현장 스님이 고창국 백성을 위해 한 달간 법문을 펼쳤던 장소가 바로 이곳이다.

현장 스님이 인도에서 돌아오는 길에 다시 들렀을 때 고창국은 이미 멸망하고 없었다. 현장 스님은 이곳에서 어떤 생각을 했을까? 고창고성에 짙은 자국을 남겼던 현장 스님도 "생겨나서 조금 머무는 것 같지만 바로 달라지고 소멸된다."는 생주이멸(生住異滅)의 진리를 대면했을 것이다.

⬤ 덧없는 세월에 역사의 흔적만 남다

실크로드를 따라 서쪽으로 가다 보면 과거의 영화를 간직한 채, 세월의 무게를 견디지 못하고 폐허로 남은 유적지가 많다. 그중 교하고성은 그냥 지나칠 수 없는 역사적인 명소이다. 투루판 북서쪽으로 10km쯤 떨어져 있는 교하고성(交河古城)에 평화의 불이 도착했다.

교하고성은 고대 서역의 36국
가 중 차사전국(車師前國)의 도읍
지로 투루판 시의 서쪽에 위치하
고 있다. 6세기 초 이 지역에 성을
짓기 시작했고, 현존하고 있는 성
의 흔적은 당(唐)나라 때의 건축
물이다.

나무 한 그루 없는 지역을 땡
볕 날씨에 걷는다는 것은 그야말
로 극기 훈련이나 다름없다. 하
지만 평화의 불을 통해 이룩해야
할 원력을 생각하니 힘이 절로
났다.

교하고성은 실크로드의 한 거
점으로서, 또한 세계에서 가장
오래되고 가장 규모가 큰 토성으
로서 매우 중요한 가치를 지니고
있다. 1994년부터 2년간 유네스
코의 유적 발굴이 진행됐으며,
현재는 세계문화유산으로 등록

돼 있다. 이름에서도 알 수 있듯이 교하고성의 지리적인 특징은 강 가운데 있다는 것이다. 우리나라 여의도의 축소판이다. 길이 1,650m, 폭 300m인 이 섬의 주위는 모두 절벽으로 천연요새로서의 특성을 고루 지니고 있다. 강물이 이 섬으로 인해 잠시 갈라졌다가 다시 만나게 되기 때문에 교하고성이라고 했다.

성내로 들어서면 남북을 잇는 1km의 도로가 나 있는데, 3m의 폭으로 뻗어 있다. 이 중앙도로를 중심으로 작은 골목들이 가로 세로로 연결된다. 성 안에는 행정기구, 사원, 불탑, 상점, 주택의 흔적이 있고, 강물을 퍼 올리기 위해 아버지의 아버지의 아버지가 사용했음직한 우물도 고스란히 남아 있다. 이렇듯 오랜 세월에도 지금까지 흙으로 쌓은 성터의 원형이 보존될 수 있었던 것은 비가 오지 않는 건조한 기후 덕택이다.

세월의 무게에 비해 보존상태가 양호한 편이만 세월에는 장사가 없어 보였다. 과거의 화려함과 활기는 역사 속에 묻히고 지금은 빈터만 바람에 지친 몸을 식히며 누워 있다.

세월의 무상함을 너욱 일깨우는 것은 말라버린 강이다. 교하고성이라는 말이 무색할 정도로 양쪽 강물이 다 말라 버렸다. 기록에는 양쪽에 넓이가 100m, 깊이가 30m나 되는 거대한 물줄기가 흐르고 있었다고 하는데 지금은 허연 바닥을 드러낸 채 마른 모래밭의 지렁이처럼 지난 시절을 추억하게 한다. 세월의 무게에도 메마른 기후에도 유일하게 살아남은 것은 아직도 물을 잉태하고 있는, 속이 깊은 우물뿐이다. 세월이 참 덧없다.

🔵 사막의 도시에 문화를 꽃피우다

투루판 명물인 '카레즈'를 보기 위해 어두운 지하수로에 평화의 불이 동행했다. 카레즈는 건조지대에서 사용되는 지하 인공수로이다. 이 물은 '보배롭고 사랑스러운 생명의 물(珍愛生命之水)'이라고 카레즈 박물관은 자랑한다.

투루판의 카레즈는 중국에서 가장 긴 인공수로(人工水路)이다. 이곳 사람들은 중국의 3대 불가사의로 만리장성, 경항대운하(京杭大運河), 카레즈(카얼정)를 들고 있다. 카레즈가 역사 속에서 그만큼 대단한 의미를 지닌다는 뜻이다.

박물관 전시실에 마련된 자료를 보면, 수갱을 파고 내려가 지하수로를 만들고 이것을 낮은 지역으로 흐르게 만들(이것을 암거(暗渠)라 한다)었다. 흐르는 물이 경작지에 가까워지면 수로를 노출(이것이 명거(明渠)다)시키는데, 명거로 나온 물을 저수지에 보관했다가 필요한 만큼 농경지로 보낸다. 이러한 관개 시스템을 이용하여 투루판의 농민들은 농사를 짓는다.

이를 통해 사막 속의 도시 투루판이 오아시스(綠洲) 도시로 변했다. 가족

과 이웃과 일족에게 평화와 안식을 마
련해주고자 수많은 지하수로를 뚫었
다. 그 어려움과 고난을 이겨내야 했
던 사람들을 생각하며 다시 한 번 평
화를 되뇌어본다.

현재 투루판에는 1,000개 정도의 카
레즈 시스템이 작동하고 있는 것으로
알려져 있다. 투루판에 개설한 카레즈
의 총 길이는 5,000km가 넘으며, 총
저수량은 60만 톤 정도이다. 총 길이
는 황하의 길이와 거의 비슷하다. 베이
징에서 항저우까지의 길이가 3,200km인데 카레즈가 이보다 더 긴 것이다.

건설 공사는 모두 흙을 찍어 파내는 흙칼·흙손·두레박과 어두운 암거에
서 불을 밝히는 기름등(油燈)과 같은 간단한 도구에 의지해 사람의 손으로
행해졌다. 카레즈를 뚫을 때에는 인부 3~5명이 하나의 팀을 구성하여 한
줄기를 완공시키는 데에 수개월 또는 수년이 걸렸다고 한다. 한 줄기의 카
레즈를 건설하기 위해 십여 개에서 수십 개의 수정(水井)을 파서 지하수로
가 경사지도록 서로 연결시켜서 암거를 만든다. 수원지인 천산산맥의 산록
언덕에 가까이 갈수록 고도가 높아지기 때문에 그만큼 수정을 지표면에서
더 깊이 파야 한다.

　지하를 통해 물을 흐르게 하여 뜨겁고 건조한 날씨에도 증발에 의한 손실을 최소화하였다. 강풍과 모래에 의한 외부의 재해와 오염으로부터도 물을 보호한다. 이렇게 하여 양질의 시원한 물을 투루판 사람들의 가정과 농경지와 도로변의 가로수에 이르기까지 계절에 상관없이 안정적으로 공급하고 있다.

　이런 점에서 카레즈는 투루판 인들을 포함한 모든 동식물의 생명수인 동시에 혈맥과도 같은 것이다. 그것은 또 투루판 오아시스를 기름지게 하여 사람들의 생활을 풍요롭게 하였다. 경제적 잉여가 고대 실크로드의 번영을 이끌어 여러 국가의 도성(都城)·불교사원·이슬람사원·고분(古墳) 거기에 담긴 찬란한 문화예술을 부흥하게 하였고 고문서들을 포함한 유적과 유물들을 생산 가능하게 하였다.

● 또 하나의 화약고 우루무치를 가다

신장 자치구 성도 우루무치(烏魯木齊)에 평화의 불이 도착했다. 이곳은 한족과 소수민족이 함께 생활하는 중국에서도 대표적인 다민족, 다문화 지역이다. 기차역과 도시 곳곳에서는 보안검색 강화를 위한 안면인식 시스템까지 도입하며 경계가 삼엄했다. 일부 지역에서는 출입국 심사 때 DNA 샘플 제출을 요구해 논란을 빚기도 했다.

신장 자치구는 중국의 화약고이다. 정말 평화의 불이 필요한 지역이다. 신장에 거주하는 소수민족인 위구르 인들은 이슬람교를 믿고 분리 독립을 주장하고 있다.

신장 자치구에서는 2015년 9월 아커쑤(阿克蘇)지구 바이청(拜城)현에서 무장한 괴한들이 탄광을 습격해 경찰관 5명을 포함해 최소 50명이 사망하는 사건이 발생했다. 이보다 앞서 2013년 10월에는 북경(北京) 천안문 차량 테러, 2014년 3월에는 운남성(雲南城) 곤명(昆明) 철도역 테러, 4월 우루무치 기차역 폭탄 테러 등도 위구르족이 분리 독립을 주장하며 저지른 테러였다.

진심으로 이곳엔 평화가 필요하다. 모든 종교는 평화를 지향한다. 그런데

지구촌 곳곳에서는 종교라는 이름을 띤 분쟁과 테러가 끊이지 않는다.

불교든 기독교든 이슬람교든 종교는 인간이 믿는다. 그런데 종교는 '평화를 지킨다.'라는 미명 아래 사람들을 짓밟는 다. 종교의 궁극적 목표가 '평화'에 있나 면 테러와 갈등이 있을 수 없다. 그런데 참 아이러니하다. 티베트, 신장 자치구를 비롯하여 세계 곳곳에서 전쟁이 끊이지 않고 있다. 종교인의 한 사람으로 부끄러 움을 간직한 채 야간열차에 몸을 맡겼다.

⬤ 실크로드의 오아시스, 둔황이다

평화의 불이 중국 둔황에 도착했다.

둔황은 중국 감숙성 북서부 주천지구에 있다. 중앙아시아 한 가운데에 자리 잡은 오아시스 도시로 실크로드 요충지이자 문명의 십자로이다. 중앙아시아를 가로지르는 실크로드를 따라 펼쳐진 전통적인 중국인 거주지이자, 서부아시아에서 중국 통치영역으로 들어가는 외국 상인들이 처음으로 거쳐 가는 교역도시이다.

중국에서 무릇 도시라는 이름을 붙이려면 인구가 기본 1백만 명은 넘는다는 것을 생각한다면 정말 작은 도시이다. 하지만 이 도시는 고대 실크로드에서 아주 중요한 위치에 있었다. 고대의 교통로에서 보면 둔황은 티베트의 라싸를 통해서 인도에 갈 수 있고, 위로는 몽고와 시베리아로 가기 좋은 위치이다. 그리고 하서회랑의 입구에 있어서 중국 북부평원 및 장안과 낙양 등 대도시로 가기 위해 필수적으로 거쳐야 하는 곳이기도 하다.

둔황은 366년부터 서하가 멸망할 때까지 거대한 불교 중심지였다. 중앙

아시아의 여러 왕국에서 건너온 승려와 포교사, 상인들이 머문 주요 도시였다. 둔황에는 366년 승려 낙준에 의해 시작되어 수, 당, 5대 10국, 송, 서하, 원을 거치며 1,000년간 735개의 동굴에 조성한 세계 최대의 석굴사원 막고굴(莫高窟)이 있다. 그 긴 세월에 걸쳐 도시에 살던 사람들은 천불동(千佛洞)으로 불리는 수많은 석굴사원을 건축했다. 이때부터 둔황은 중요한 불교중심지이자 순례지가 되었다

　평화의 불 이운 순례길에 불교도시 둔황을 찾은 우리가 혜초 스님의 자취를 찾아 들른 곳은 고비사막 동쪽 끝에 조성된 세계적 불교 유적지이자

벽화 미술관으로 널리 알려진 막고굴이었다.

　장경동 혹은 17호 석굴이라 불리기도 하는 이곳은 지난 1908년 프랑스의 젊은 탐험가였던 펠리오에 의해 혜초 스님의 구법여행서 《왕오천축국전》과 5만여 점에 이르는 그림과 문서가 발견된 곳이다. 또한 수많은 상인들이 낙타에 짐을 싣고 서역을 오가던 화려했던 실크로드의 영화를 떠올리게 하는 명사산(鳴沙山)도 이곳에 있다.

　사막 위의 오아시스이고 반달 모양의 호수와 산이 중국 실크로드의 하이라이트라 불리는 명사산이다. 곱디고운 모래가 쌓인 모래언덕은 바람이 부는 날이면 모래 흘러내리는 소리가 난다고 해서 명사산으로 불린다. 이곳 또한 타클라마칸 사막과 같은 사구로 그 크기가 남북으로 20km, 동서로 40km에 이르는 사막으로 이루어진 산이다.

　지금 이곳은 다녀간 사람의 입소문을 타고 관광명소가 됐다. 하지만 그 옛날 이곳을 오갔던 많은 구법승들에겐 고된 여행길에 또 한 번 펼쳐지는 위험천만한 모래언덕이자 다시는 돌아오지 못할 죽음의 길이었을 것이다. 대자연 앞에 무릎을 꿇을 수밖에 없었던 구법승들의 안타까운 행보를 위로

하듯 그 길을 걷고 또 걸어 보았다.

룸비니 동산에서 평화의 불을 안고 '평화의 길'을 개척하며 여기까지 왔다. 평화를 향한 염원의 길은 한 수행자의 길이요 오늘을 사는 우리의 길이었다. 해가 여전히 서방정토 쪽으로 지고 있었다.

밤이 된 둔황의 거리. 이 먼 사막의 오아시스에도 밤 모습이 확연히 달라졌다. 그야말로 불야성이다. 얼핏, 한국 여느 대도시 밤거리와 다르지 않다. 절집에서 웃음이 절로 나온다는 국수 한 그릇을 먹었다. 그 불빛 아래 오랜 여정의 피로를 잠시 내려놓는다. 참으로 오랜만의 여유다. 사람살이의 진한 내음 속에서 오아시스의 밤이 깊어갔다.

● 실크로드의 기착지 난주에 도착하다

　둔황을 지나면서 주변 풍광이 완전히 달라졌다. 1,000여km의 이른바 하
서회랑을 따라가는 길이다. 둔황에서 서안까지 사막과 산맥 사이 난 길이
바로 하서회랑이다. 그 여정에서 만난 난주는 황하를 끼고 있어 예로부터
교통의 요충지이자 실크로드의 중요 기착지였다. 이곳이 중요한 거점이 된
것은 역시 황하 덕분이다.

　중국인들은 황하를 '어머니의 강'이라 부른다. 중국의 고대 문명이 바로 이 강에서 발원했으며 대륙을 적시는 이 강을 따라 그들의 삶이 이어져 왔던 것이다. 난주의 상징이라는 황하가 시작되는 이곳은 난주 시민들에게 '어머니의 젖줄'과도 같은 곳이다. 황하를 중심으로 하류지역에까지 황하문명이 지금의 최대 공업도시를 있게 한 역사적 산물이다. 그래서인지 황하를 바라보는 한쪽엔 황하를 묘사한 황하 모친상이 자리 잡고 있어 도시의 분위기를 짐작할 수 있게 한다.

　평화의 불 이운 소식을 들은 인근 사찰 관계자들이 난주역까지 찾아왔다. 그들은 평화의 불을 자신들의 사찰로 꼭 모시고 싶어 했다. 그들의 부탁을 거절할 수 없었다. 불씨에서 불꽃을 피워 그들이 제공한 차량에 올랐다. 차량에는 지역의 유지들도 함께 동승하여 평화의 불을 향해 기원을 올렸다. 이들도 평화의 불의 의미를 잘 알고 있었다. 이들이 평화의 불을 굳이 모시고 싶어한 이유는 과연 무엇일까?

보은사에서 평화의 불을 초청하다

　보은사 주지인 보정 스님은 한국 순례단이 평화의 불을 이운한다는 소식을 듣고, 보은사에 평화의 불 이운을 해 줄 것을 직접 요청해왔다. 직접 마중을 나온 보은사 보정 스님은 한국 종립 동국대학교에서 석·박사 과정을 공부한 인연도 있다. 평화의 불을 분등(分燈)하기로 결정한 우리는 차량으로 한 시간여를 달려 보은사를 향했다. 보은사 앞에 수많은 불제자들이 줄지어 있었다. 그들만의 언어로 경전을 읊으며 누군가를 애타게 기다리고 있는 듯 했다. 많은 불제자와 지역 주민들이 평화의 불을 환영하러 나온 것이다.

　평화의 불을 이운하던 수행자로서는 평화를 나누고자 하는 보은사 신도들의 마음이 더없이 반갑게 느껴졌다. 평화의 불 분등 소식에 신도들이 모두 나와 합장하며 고개 숙여 예를 갖추었다. 그렇게 평화의 불은 국경과 민족을 초월해 평화로 물들게 했다.

　이들이 이토록 평화의 불을 환대하는 이유는 스촨성에서 발생한 대규모 지진 때문이었다. 뜻하지 않은 지진으로 수많은 희생자가 생겨나자 그들을 위로하고 생존자들을 돕기 위해 법회를 열었다. 바로 그 법회가 열리는 보은사에서 평화의 불을 초청한 것이다. 스촨성 루산 지진 피해자를 위한 법

회를 중국과 한국의 불제자가 함께 했다. 양국이 서로 평화와 교류를 나누어 보람도 있었다.

　법회는 뜨거운 열기 속에서 엄숙하게 진행되었다. 이 평화의 불이 조금이나마 위로가 되기를 진심으로 기원했다. 함께한 이들의 마음 또한 다르지 않았다. 그 마음을 오래 기리기 위해 평화의 불을 나누었다. 이제 이 불꽃은 이곳 보은사에서 뜻하지 않은 희생을 당한 이들을 위로하고 살아남은 이들의 슬픔을 달래줄 것이다.

　인간이 만든 분쟁과 갈등을 치유하기 위한 평화의 불이, 오늘은 자연재해로 희생을 당한 이들을 위해 중국 땅, 낯선 사찰에서 그 불꽃을 피워 올리고 있었다. 많은 중국인들이 깊은 관심을 보였으며 희생자들을 위한 시주도 아끼지 않았다. 그들의 정성에 보시금을 합하여 스촨성 지진 피해자를 위한 위문금으로 전달했다.

　보은사에 평화의 불 분등을 마치고 이동하던 중 평화의 불을 담은 이운함에 문제가 생겼다. 불꽃이 사라지는 것을 방지하기 위해 이운함에 주입한 알코올이 떨어지기 직전이었다. 급히 알코올을 주입하고 다시 활기를 되찾은 평화의 불! 생각만 해도 아찔했던 순간이었다. 평화의 불을 다시 한 번 살펴보며, 이운의 고행을 실감했다.

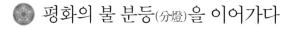 평화의 불 분등(分燈)을 이어가다

발길을 재촉하기에 앞서 보은사 보정 스님의 권유로 중국 천수에 있는 사찰 길상사를 방문했다. 이곳 불자들 역시 평화의 불을 이운하는 순례단을 환영함과 동시에 축복과도 같은 평화의 불 분등을 학수고대하고 있었다.

천수는 감숙성(甘肅省)에서 두 번째로 큰 도시이며 장안에서 시작되는 실크로드의 중요한 거점이었다.

감숙성 천수는 맥적산 석굴로 유명하다. 천축으로 향했던 스님들 역시 천수를 거쳤는데, 현장(玄奘)스님도 마찬가지였다. 천수에서 목가적 풍경 위로 석양의 붉은 빛이 뉘엿뉘엿 내려앉고 있었다. 정말 평화로운 분위기였다. 평화의 불을 이운하는 이유를 다시 한 번 생각해 보았다. 지금 보이는 풍요로운 산과 들, 논밭과 강물 어딘가에 옛적 구법의 길을 걸었던 스님들의 발자취가 남아있진 않을는지……

평화의 불이 새로운 '평화의 길'을 개척하며 여기까지 왔음이 못내 대견하기까지 했다. 죽음과도 같은 사막과 드높은 설산을 거치고 지금 이곳 천

수에서 처음의 갸륵했던 서원을 다시 한 번 되새겨 보았다. 그리고 아득한 과거 속 머나먼 이야기지만 마치 시간의 문을 두드리고 들어간 듯 환희로운 마음으로 구법승들의 여정에 축원을 올렸다.

천수에서 서안까지 고속도로로 5시간을 달려야 한다. 우리나라 사람들에게는 서울과 부산 사이에 가로놓인 긴 시간이겠지만 시공간에 대한 감각이 느슨해진 탓에 멀다는 생각은 들지 않는다. 중국대륙의 믿기지 않던 광활함은 지금까지의 짧은 여정만으로도 어느새 일상이 돼버렸다.

쓰촨성 대지진의 여파로 많은 희생자들과 피해주민들이 발생하여 중국 전체가 슬픔에 젖어 있었다. 천수 길상사에서 승려들은 희생자들의 극락왕생을 바라는 법회를 봉행하였다. 중국인들의 아픔이 고루 치유될 수 있기

를 바라며 평화의 불 분등 법회를 이어나갔다. 이렇듯 평화의 불은 사람들의 마음과 중국 지역 곳곳에 평화를 전달하는 생명의 빛이 되었다.

 서안에서 혜초(惠超) 스님을 만나다

　당나라의 수도였던 서안(장안)은 동서 문명이 교차하고 수많은 인종이 어울려 살던 국제 도시였다. 지금도 그 흔적이 그대로 남아 있다. 각기 다른 인종들이 자신들의 전통을 지키며 살아가고 있다. 언어도 다르고 풍습도 다른 이들이 같은 공간에서 어울려 살아가고 있는 것이다.

　이렇게 서로의 차이를 인정하면서 소외 대신 소통으로, 분열 대신 통합으로 서로 어울려 함께 살아가는 것이 바로 지금 우리가 원하는 평화 세상, 부처님이 염원했던 자비세상일 것이다. 이곳 서안에서 그 길을 물었다.

　혜초 스님의 《왕오천축국전》이 기록한 구법의 길은 단순한 길이 아니다. 부처님의 진리를 목마르게 기다리는 사람들에게 감로수로 목을 축여주는 '평화의 길' 이었다. 평화의 불을 가슴에 안고 그 길에서 한반도와 세계 평화의 메시지를 전달했다. 그것은 인류 '평화의 길'로 재탄생되는 시발점이 될 것이다.

평화의 불, 평화의 길을 개척하다

　서안(西安)은 혜초 스님의 흔적이 가장 많이 남아 있는 곳이다. 이곳에 있는 천복사는 혜초 스님이 8년 간 머물며 불경(佛經)을 번역한 곳으로 알려져 있는 사찰이다. 황제가 불사(佛事)를 지시한 사찰이었지만 지금은 관광 상품이 돼 있었다.

　혜초 스님은 스승 금강지(金剛智) 스님과 경전을 연구하던 천복사(薦福寺)에서《대승유가금강성해만수실리천비천발대교왕경(大乘瑜伽金剛性海曼殊室利千臂千鉢大教王經)》번역을 함께 했다. 금강지 스님이 이 경을 번역할 때 혜초 스님은 필수(筆受)를 맡았다.

그 후 혜초 스님은 773년경 대홍선사(大興善寺)에서 금강지 스님의 제자 불공(不空) 스님으로부터 이 경의 강의를 들었다. 대홍선사는 혜초 스님이 밀교 연구와 경전 번역을 하던 곳이다. 불공 스님은 유서에서 자신의 법을 이은 6대 제자 가운데 2번째로 혜초 스님을 꼽았다. 이는 혜초 스님의 위상과 덕망이 어느 정도였는지 짐작케 한다.

8세기 신라인으로 구법의 길에 오르고 무사히 돌아와 중국에서 경전을 연구했던 혜초 스님. 지금까지도 남아 있는 혜초 스님의 숨결을 통해 순례자들은 무엇을 깨닫게 될까? 시간을 뛰어넘어 혜초 스님과 순례자들의 조우는 새로운 의미를 담게 될 것이다.

혜초 스님은 불공 스님이 입적한 후 동료들과 함께 황제에게 글을 올렸다. 스승의 장례 때 보여준 은혜에 감사하며 아울러 스승이 세웠던 사찰을 존속시켜 달라고 청원했다. 그 후 수년 동안 장안에 머물다가 780년 불공 스님이 활동했던 오대산으로 갔다.

이곳에서 혜초 스님의 숨결을 느낀 우리는 다시 걸음을 재촉했다. 순례자들은 구법의 길에서 무엇을 얻고, 또 무엇을 버렸을까? 인류와 함께 시작된 혼란과 고통, 전쟁으로부터 벗어날 수 있는 길은 또 어디서 시작되는 것일까? 혜초 스님을 그리며 생각해 보았다.

● 세월의 무상함을 느끼다

    평화의 불을 모시고 중국 3대 국보(國寶) 사찰 중 하나인 선유사(仙遊寺)를 찾았다. 법산 스님(동국대 이사), 진관 스님(불교인권위원회 위원장)이 함께했다. 부처님의 진신사리가 나온 법왕 탑이 우뚝 선 선유사도 혜초 스님의 발자취가 남겨진 곳 중 하나다. 바로 혜초 스님의 기념비다. 그 기념비는 나와

깊은 인연이 있다. 대한불교조계종 문화부장으로 있던 지난 1998년 종단에서 지원하여 기념비를 세우고 제막식에 직접 참석했었다. 한국에서 처음으로 중국 현지에 세운 높이 3m의 혜초 기념비. 한글과 한문으로 쓰인 '신라국 대덕 고승 혜초 기념비' 글씨에는 사람들의 손때가 묻어 묻어 있었다.

세월의 무게 탓일까? 탑신에는 낙서가 어지럽고 글자도 알아보기 힘든 곳이 수두룩하다. 기념비를 보호하는 건물도 쇠락하고 말았다. 자칫 붕괴될 위험까지 안고 있는 기념비각, 지금 당장은 어떻게 손 써 볼 도리가 없어 아쉬움이 더했다. 대신 오랫동안 기념비 앞에서 기도를 했다.

기념비 인근에 옥녀담(玉女潭)이 있다. 겨울 가뭄이 심하던 774년 1월에 혜초 스님은 이곳에서 기우제(祈雨祭)를 올렸다. 혜초 스님은 황제에게 올린

표문에서 기우제를 지내자마자 비가 내렸다고 적고 있다. 이처럼 중국 불
교계에 적지 않은 업적을 남긴 혜초 스님. 그런데 스님의 기념비가 이렇게
쇠락한 까닭은 무엇일까? 인근의 한 사찰을 찾아 그 연유를 물었다.

"강풍이 불어서 기념비가 넘어진 적이 있어요."

그 옛날 신라 구법승 혜초 스님의 자취도 세월 따라 변하고 말았다.

인류가 남긴 수많은 문명, 수많은 문화도 영원불멸한 것은 없을 것이다. 그
러나 높은 정신을 기억하려는 노력은 오늘도 이어지고 있다. 어쩌면 혜초 스님
의 자리도 그곳이 아닐까?

● 형제사찰 법문사에 도착하다

　실크로드의 시발점 서안에는 각국에서 찾아온 관광객들이 눈에 띄게 많았다.

　서안에는 최초로 중국대륙을 통일한 진시황이 자신의 사후 세계를 지키기 위해 당시 거느리던 장군과 병사, 말 등을 흙으로 빚어 구운 테라코타를 순장한 병마총(兵馬塚)이 있다. 그리고 북송 때 지어진 후 역대 명필들의 친필서각 2,300여 개가 숲을 이루는 서예 예술의 보고(寶庫) 비림과 현장법사가 인도에서 가져온 경전을 번역하고 보관하기 위해 축조한 대안탑이 있는 자은사가 있고, 45m 길이의 7층 전탑이 있는 곳이기도 하다. 양귀비가 목욕했다고 전해지는 화청 못도 유명하다.

　중국 최초로 산스크리트어 불경을 한역(漢譯)하여 불교가 중국을 거쳐 한국과 일본으로 전래되는 데 결정적인 역할을 해 삼론종의 조사로 불리는 구마라습이 불경을 번역하던 초당사가 있다. 그리고 627년 인도로 구법의 길에 올라 645년 장안에 돌아온 후 74부 1,335권의 경전을 한역하여 《대당

서역기》를 저술한 현장 스님의 유골을 모신 흥교사(興敎寺)도 있다. 후한 때 창건된 당나라 황실의 사찰로 석가모니의 지골사리(손가락뼈 사리)를 모시고 있는 법문사가 있는 곳이기도 하다.

중국에서의 평화의 불 이운 순례길이 막바지로 접어들었을 즈음 서안 법문사(法門寺)로 이동했다. 법문사는 지난 2006년 도선사에서 지골사리 한국 이운 법회를 봉행한 인연으로 2006년 형제 결연을 맺고 8년째 꾸준히 교류해 온 형제 사찰이다. 그로 인해 법문사 방장 학성 스님은 도선사 주지와 평화의 불 이운 여정에 순례단을 기꺼이 초청하여 기념 법회를 마련했다.

마음을 담아 법문사에도 평화의 불씨를 내려놓았다. 이렇게 평화의 불을 이운하는 발걸음에는 고귀한 만남과 평화로운 화합의 장이 펼쳐졌다.

◉ 법문사와의 인연을 이어오다

　　2006년은 한국의 불자들이나 도선사 불자님들에게 있어서 잊을 수 없는 한해였다. 왜냐하면 중국 법문사 부처님 진신 지골(指骨)사리가 한국으로 나들이했기 때문이다. 특히 한국 사찰로는 유일하게 삼각산 도선사에 오시어 가피를 주심에 감사한 한해였다. 그 동안 부처님께서는 도선사에서 여러 번 서광(瑞光)을 보이시어 용기를 주셨고, 그 상서로운 빛은 대한민국 사찰로서는 유일하게 부처님 진신 지골사리를 모시는 인연이 되었다.

　한국 사찰로서는 최초이자 마지막으로 유네스코가 지정한 9대 기적의 불가사의 하나인 부처님 진신 지골사리를 모셨다. 이후 봉송단장으로 중국 법문사까지 모셔다 드리고 돌아오는 길에 '선묵혜자 스님과 마음으로 찾아가는 108산사순례기도회'의 아이디어가 떠올랐다.

　지골사리는 '평생 한 번 친견만 하여도 그 공덕으로 부처님이 될 것'이라는 수기(授記)를 받는다고 한다. 그런데 호국참회 관음기도도량 삼각산 도선사에서 부처님 법신(法身)을 직접 친견할 수 있었던 것은 우리 모두의 복이요, 이생에는 다시없을 부처님 가피라는 생각이 들었다.

　부처님 진신 지골사리를 모시는 데는 여러 가지 우여곡절과 힘든 과정이

있었다. 여러 사찰에서 많은 경제적인 조건과 지형적인 문제, 힘의 논리로 자신의 사찰에 진신 지골사리를 모시려 하였다. 하지만 삼각산 도선사로 모실 수밖에 없는 필연이 있었던 것 같다.

물론 부처님을 모시고 친견하고 싶은 마음이야 누가 뭐라 하겠는가? 하지만 그 인연은 이미 도선사에 이어지고 있었다. 당시 부처님 진신 지골사리를 모셔오는 과정에 중국과 한국 양측은 계약서를 작성하며 서울은 올림픽 펜싱경기장, 부산의 벡스코 회의장 단 두 곳에서만 친견법회를 하기로 계약을 했다고 한다. 그런데 서울 친견법회 이후 부산 친견법회까지 5일의 틈새 시간에 대해서는 양측 모두 망각했던 것이다.

한국에 도착해서 친견일정을 진행하면서 양측이 고민을 하던 차에 삼각산 도선사의 7관세음보살님의 위신력으로, 18나한님의 가피력으로 삼각산 도선사에 나투시어 불자들에게 가피를 주신 것이다. 이렇게 볼 때 2005년 부처님 진신 지골사리 친견법회가 "도선사를 위한 행사였다"고 불교계에서 말을 하였던 것이 무리가 아니었다는 생각이 든다.

지골사리는

부처님께서 입멸하자, 그 유골을 8등분하여 각지에 탑을 세워 그 속에 안치한 것이 불탑의 시초이다. 나중에 기원전 240년 인도의 아쇼카 왕은 8개의 탑 가운데 7개의 탑에서 유골을 모아 다시 세분하여 8만4000여 개의 탑을 인도 각지에 건립했다.

그때 중국으로 보내진 19과의 진신사리 가운데 하나가 부처님 진신 불지사리이다. 고대 중국의 황제들은 이를 궁전에 모셔놓고 친견했지만 후한 때 법문사(法門寺)로 옮겨졌다. 중국 섬서성 법문사는 기원 7세기부터 10세기 중국 당나라 시기의 황실 사찰이었다.

당나라 황제는 그 후 7번에 걸쳐 법문사 지하궁전을 열고, 석가모니 부처님 지골사리를 당시의 수도 장안에 모셔다 첨례(瞻禮)했다. 873년 당나라 황제는 제일 마지막으로 석가모니 부처님 지골 사리를 모셨다.

그 후 1,100여 년 동안 법문사 지하궁전은 줄곧 열린 적이 없었다. 부처님의 영골(靈骨)을 황제 손에 맡기는 건 위험하
다고 본 고승 안세고 스님께서 그렇게 한
것이다. 당나라 의종은 아예 지하궁을 밀
봉, 접근조차 막았다. 이후 불지사리는
점차 사람들의 기억에서 지워지기 시작
했다.

　1981년 8월 24일. 중국 시안(西安)의 법
문사(法門寺) 주변에는 7일 동안 폭우가
내렸다. 비가 내리던 마지막 날 오전 10
시쯤 사찰 위로 천둥번개가 치더니 13층
팔각 진신보탑(眞身寶塔)이 세로로 두 동강 났다. 400여 년 동안 굳건하게 서 있
던 탑이 마치 예리한 칼에 베인 듯 꼭대기부터 반쪽이 무너져 내린 것이다. 그
로부터 5년 뒤인 1986년 가을 중국 당국은 탑을 철거했고, 이듬해 봄 탑 발굴
작업을 시작했다. 어느 날 발굴 팀은 바닥에서 조그만 굴을 발견했다. 그 굴을
파고 내려가니 돌문이 나타났다. 지하궁 입구였다.

　1987년 부처님 오신 날. 1,113년 동안 깊이 숨겨졌던 법문사 지하궁의 문이
굉음 속에서 열렸다. 그 속에서 바로 전설의 불지사리와 보물 3,000여 점이 나
왔다.

　불지사리(佛指舍利)란 석가모니 다비(茶毘, 기원전 485년)에서 나온 손가락 뼈 사리
를 말한다. 7일 동안 화장을 했는데도 재가 되지 않은 길이 4cm의 진신사리이

다. 지하궁의 진신 지문비(志文碑)는 세계에서 하나밖에 없고, 유네스코가 지정한 세계 9대 기적으로 지정한 불지사리의 유래이다.

불지사리가 발견된 날은 부처님 오신 날이다. 그래서 발굴 당시 '석가모니 부처님이 현신(現身)한 것'이라는 얘기도 나왔다. 한때 그것을 물개의 뼈라고 깎아내리는 이들도 있었다. 이 때문에 시뻘겋게 달궈진 쇠그릇 속에서 수시간 동안 테스트를 받기도 했으나, 영물(靈物)은 색깔조차 변하지 않았다.

중국에서는 불지사리를 보면 한 가지 소원이 성취된다는 전설이 내려오고 있다. 진신사리의 영험함에 관한 기록은 많은 문헌에서 쉽게 찾을 수 있지만, 장쩌민 주석이 불지사리 친견 이후 주석 자리에 올랐다고 전해지고 있어 불지사리는 가는 곳마다 구름떼 같은 인파를 불러 모으고 있다.

학성스님과의 인연

법문사 방장 학성 스님과의 인연은 부처님 진신 지골사리 한국 친견법회를

봉행하면서부터이다. 20일간의 친견법회 일정 가운데 특히 도선사에서의 친견

법회에 가장 여법히 진행된 것에 고마움을 느낀 중국 측에서 지골사리 봉송단

장으로 초청하면서 법문사와 인연이 본격적으로 이어졌다.

　이후, 2006년 서울 도선사와 중국 섬서성 법문사와 형제결연을 맺으면서 학

성 스님과 아주 친밀한 인연이 되었다. 두 사찰의 형제 결연은 중국 정부가 인

정하는 공식적인 첫 형제결연이었다. 이후 두 사찰은 한중불교 교류에 박차를

가했다. 108산사순례기도회는 중국 법문사를 방문, 형제결연을 맺고 양국간

불교 유대를 선도했다. 또한 이곳 법문사 방문 이후 '108산사순례기도회'가 발

대식을 갖고 9년간의 여정을 시작했다.

평화의 불, 평화의 길을 개척하다

　중국 법문사 스님들과 불자들도 한국을 방문하면 꼭 도선사를 찾았다. 학성 스님은 "우리는 형제"라며 항상 정성을 다해 대해 주었다. 이런 인연으로 법문사 방장 학성 스님과 가까워지게 되었다.

　중국 항저우에서 열린 제1차 세계불교포럼에 참가하여 법문사 방장이자 중국불교협회 부회장인 학성 스님이 도선사 대중들을 초청을 하여 의견을 나누고 형제결연이 이뤄졌다. 이후 양 사찰에는 형제결연 기념비가 세워졌고 현재까지도 돈독한 교류를 이어오고 있다.

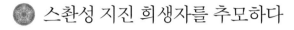# 스촨성 지진 희생자를 추모하다

남북의 평화통일과 세계 평화를 기원하며 부처님의 탄생 성지 룸비니 동산에서 채화한 평화의 불이 티베트 라싸, 거얼무, 카스, 호탄, 쿠차, 투루판, 우루무치, 둔황, 난주를 거쳐 서안 법문사까지 무사히 이운됐다. 한국에서는 정전 60주년을 맞아 임진각 평화누리 광장에서 평화의 불을 밝히고 대법회를 준비 중에 있었다. 부처님 지골사리가 봉안되어 있는 중국 법문사에서도 '평화의 불 분등 및 세계 평화 기원 한·중 합동 법회'를 봉행했다.

법문사는 도선사에서 2006년 지골사리 한국 이운 법회를 봉행한 인연으로 8년째 꾸준히 교류를 이어 온 형제 사찰이다. 순례단을 맞이하는 비가 촉촉이 내려 법문사 경내를 적시고 있었다. 비가 잘 오지 않는 이 지역에서의 비는 지진으로 희생된 이들의 극락왕생을 발원하는 슬픔의 비이며 축복의 감로수였다.

중국 스촨성 지진으로 인한 희생자들을 추모하는 의식을 한·중 양국 불교 의식으로 함께 봉행했다. 세계 평화와 남북의 화해를 발원하는 뜻깊은 법석이 됐다. 중국불교협회 회장이며 중국 전국정치협상회의 상무위원을 맡고 있는 법문사 방장 학성 스님은 산문 입구에서부터 평화의 불 이운 순례단을 맞이하며 대웅전까지 안내했다.

굳은 날씨 속에 시작된 법회 역시 지진 희생자들의 천도재를 겸하는 행사였다. 평화의 불을 나눠 준 후 세계평화와 고통받는 모든 이들의 안녕을 기원했다. 지상의 모든 분쟁과 갈등이 말끔히 해소되기를 빌었다. 간절한 염원 앞에 국적도 국경도 사라지고 없었다. 일반 중국인들도 법회의 뜻에 깊은 공감을 표했다. 나눠진 평화의 불꽃은 이곳에서 영원할 것이다.

학성 스님은 환영사에서 "중국 법문사와 한국의 도선사는 법 형제 도량이다. 우리의 결연은 한 해 한 해, 한 세대 한 세대 이어져 양국의 발전과 우호에 큰 역할을 담당할 것"이라며 "오늘 법석은 중국 지진 희생자들을 추모하는 자리이기도 하다. 함께해준 한국 스님과 불자들에게 깊은 감사의 뜻을 전한다."고 말했다.

"지진으로 인한 재난 지역 희생자들의 극락왕생을 기원하며 이곳 주민들의 생활도 하루 빨리 정상화되길 바란다."고 답사를 하며 법문사를 통해 지진 피해 희생자들의 빠른 복구를 위한 성금을 보시했다. 법회에는 법문사 방장 학성 스님을 비롯해 중국불교협회 국제부 주임 보정 스님과 섬서성 종교사무국의 책임자 스님들이 대거 동석했다. 한국에서는 동국대학교 이사 법산 스님과 불교인권위원장 진관 스님 등 한국 스님들과 도선사 육법공양팀, 108산사순례기도회 회원들이 함께했다.

국경을 초월한 불제자들의 불심이 평화의 불 앞에서 활활 타오르는 순간
이다. 한·중 양국 불교의식으로 함께 봉행한 평화의 불 분등 법회는 세계
평화를 발원하는 뜻깊은 법석이 됐다. 분등의 순간 불씨가 아닌 부처님을
향한 불심이 모여서인지 불꽃이 더욱 빛나게 보였다.

평화의 불, 평화의 길을 개척하다   225

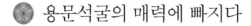 용문석굴의 매력에 빠지다

평화의 불은 서안에서의 일정을 뒤로 한 채 하남성(河南城)성에 있는 낙양(洛陽)으로 향했다. 낙양은 우리에게 익숙한 "낙양성 십 리 하에 높고 낮은 저 무덤은 영웅호걸이 몇몇이냐?"하는 성주풀이 노래의 그 낙양이다. 낙양은 하의 명도(名都)로 불릴 만큼 유명한 고도(古都)다. 한 국가의 수도가 되기 위해서는 전국 각지로 연결되는 교통이 편리해야 하고 외침을 막는 데 유리한 지형 조건을 갖추어야 하며, 또 산물이 쉽게 집결할 수 있는 곳이어야 한다. 이런 면에서 낙양은 천혜의 입지 조건을 가지고 있다고 할 수 있다.

평화의 불이 북녘 땅으로 가기를 발원하며, 달리는 차창으로 하늘을 바라보니 황사 때문에 온통 뿌옇다. 핸드폰을 만지작거리지만 내 마음과 같이 황사만이 짙었다. 황사가 가장 심한 곳이 하남성이라는 가이드의 설명이 없어도 알 수 있을 것 같다. 늘 찌푸린 날씨는 1년 내내 계속되며 강수량도 크게 모자라 메마른 곳이 낙양이라고 한다. 평화의 불이 낙양 용문석굴에 도착했다. 황사와 미세먼지 그리고 더위까지 우리를 협공해도 용문석굴

평화의 불, 평화의 길을 개척하다

의 매력에 빠져들었다.

낙양은 중국 동주(東周)시대부터 9개 왕조의 수도였다. 서안과 함께 중국에서 가장 중요한 고도로 꼽히고 있다. 낙양을 대표하는 용문석굴(龍門石窟)은 돈황의 막고굴, 대동의 운강석굴과 함께 중국의 3대 석굴사원이다. 용문석굴은 중국에서 불교가 뿌리를 내리던 492년 북위 시대부터 수, 당, 북송까지 400년에 걸쳐 조성됐다. 평화를 기원하며 신심으로 세겼을 용문석굴은 마주하는 순간 감탄사가 절로 나올 정도로 웅장하고 아름다웠다.

용문석굴은 당대의 문화예술혼이 도도히 흐르는 곳. 정과 망치 그리고 손으로 굴 하나를 파고 중생들의 평화를 기원했을 스님들을 생각하니 존경심이 절로 났다. 굴 하나하나에 수행자의 정성이 깃들어 있는 것을 느낄 수 있었다. 1.5km에 걸쳐 2345개의 석굴과 2800개의 비석, 50개의 불탑과 10만 개의 조각상이 불심과 평화의 마음으로 축조된 것이 세계사에 전무후무(前無後無)한 대형 조각 박물관이라 할 만하다.

용문석굴에서도 갈등과 욕심으로 인한 파괴의 현장을 볼 수 있었다. 석굴에 있는 대부분의 불상이 파손되어 있었다. 사람들의 불교에 대한 관심이 대단하여 개인이 소장하고 싶어서 떼어 갔다는 해설사의 설명이었다. 크게 실망했지만, 벌집 같은 석굴들을 보면서 불심이 아니고서는 불가능한 대역사라 생각하니 시공을 초월한 그 시대의 불교에 대한 열정이 가슴에 와 닿았다.

호국(護國)의 참의미를 생각해 보다

평화의 불은 달마선사가 9년간 면벽한 숭산(崇山) 소림사(少林寺)로 향했다. 중국 하남성(河南城) 등봉시(登封市)에 자리 잡은 숭산. 해발 1491.7m로, 중국에서는 그리 크지 않은 산이다. 하지만 태산, 화산, 형산, 항산 등과 더불어 중국 5악(岳)의 하나로 세계적으로 명성이 자자하다. 숭산 기슭에 위치한 한 사찰 때문이다. 숭산 서쪽 끝자락인 소실산(少室山)에 천하제일명찰(天下第一名刹) 소림사가 있어 숭산의 이름을 천하에 떨치고 있다.

소림사는 중국 선종(禪宗)의 초조인 보리달마(菩提達磨)대사가 주석을 하면서부터 널리 알려지게 되었으며 여기서 소림(少林)이라고 하는 것은 달마대사를 상징하는 것이다. 소림사는 달마대사를 위하여 지어진 절은 아니다. 497년 효문제(孝文帝)가 인도 출신의 불타(佛陀)선사에게 바친 절이다. 그리고 늑나마제(勒那摩提)는 이 절에서 경론을 한역하기도 하였다.

소림사는 달마대사와 아주 깊은 인연이 있다. 소림면벽(少林面壁)이라 함도 달마대사가 소림사에서 9년 동안 면벽(面壁)을 하면서 수행하였기에 붙

여진 이름이다. 선종의 초조 달마대사가 소림사에서 면벽 참선을 하고 나서 제2조 혜가(慧可)선사에게 법을 이어주면서부터, 소림사는 선종(禪宗)의 조정(祖庭)이자 본거지가 되었다. 그러므로 선종에서 소림사를 결코 빼놓을 수가 없다. 대한불교조계종도 달마대사의 선법이 제2조 혜가 - 제3조 승찬 - 제4조 도신 - 제5조 홍인 - 제6조 혜능(慧能)선사로 이어진 법을 계승한 종단이다.

달마대사는 남인도에 위치한 한 왕국의 왕자로 태어났다. 독특한 불교 이론과 좌선수행법으로 큰 명성을 얻었고 남조 황제 양무제와 만나 선문답(禪問答)을 하기도 했다. 527년경 북위로 온 달마대사는 숭산의 한 동굴에 들어가 9년간 면벽 참선수행을 했다. 달마대사는 면벽 수행 과정에서 맹수와 화적의 위협에 대처하기 위해 호신술을 익혔다.

소림사 하면 무술(武術)과 연관지어 보는 것이 속인들의 생각이다. 그러면 소림사는 언제부터 무술을 익혀서 호신(護身)과 호법(護法)으로 사용하였을 까? 벽을 향해 가부좌를 틀고 앉아 수행하는 참선법과 호신술은 중국인 승려 도육(道育)선사와 혜가(慧可)선사에게 전해져 중국 선종과 소림무술로 꽃 피게 됐다. 소림사가 무술로 이름을 떨치기 시작한 것은 당나라 초기부터 다. 당나라 초기에 소림사 사부대중은 당태종(唐太宗)을 보좌하여 나라를 세 웠다. 618년 왕세충의 난이 일어나자 담종을 비롯한 13명의 소림사 승려는 뛰어난 무술로 당시 왕자였던 이세민을 구해 난을 진압했다. 뒷날 당태종 이 된 이세민은 소림사에 친필 비석과 많은 전답을 하사했다.

원나라 말기 홍건적의 난이 일어났을 때는 소림사 승려들이 곤을 들고 나 와 반란군에 맞섰다. 명나라 때는 중국 동남지방에서 일본 왜구의 침입과 약탈이 잦자 소림사 무승(武僧)들이 출동해 왜구를 물리치기도 했다. 20세 기에 들어서는 소림사 주지를 위시한 수많은 승려들이 승병을 조직, 일본 군과 맞서는 등 호국 사찰로 명성을 얻었다. 이렇게 달마대사는 동아시아 선종의 교조로, 소림무술의 창시자로 전 세계의 추앙을 받게 됐다. 달마대 사가 면벽 참선한 달마동은 불교도와 무술인의 영원한 성지로, 찾는 이가 끊이질 않고 있다.

소림사 도량 평화의 불 앞에서 호국(護國)의 의미를 다시 한 번 생각해 보 았다. 중생들로 하여금 저마다 참다운 삶과 최고의 행복이 무엇인지 깨달

게 하고 공업(共業) 중생으로서 다함께 불국토를 만들어나가는 데 기여토록
하는 것이 바로 호국이라고 생각했다. 그리고 불교적 호국의 실천방안으로
사회 및 경제정의의 실현, 복지시설의 확충, 인류평화의 구축 등이 있다고
보았다. 이러한 과제를 세부적 실천운동으로 이끌어내고 국민생활의 전반
까지 파고들어 성과를 축적해내는 것이 호국이다. 평화의 불을 이운하는 것
도 호국의 실천이다.

　중생에게 필요한 불교, 구석구석 중생을 찾아가는 불교이면서도 중생들
이 평화를 얻기 위해 찾아오게 만드는 불교가 되어야만 한다. 더하여 중생
을 유익케 하는 요소, 만 중생에 대한 평화와 자비와 구제의 구체적 프로그
램을 갖추어야 한다. 이렇게 될 때 중생 구제의 호국원리는 보다 힘을 받게

될 것이다.

　평화의 불을 이운하겠다고 원력을 세우면서 중생이 무엇 때문에 아파하고 무엇으로 인해 신음하는지 언제 어디서나 눈과 귀를 열고 있어야 한다고 생각했다. 삶의 현장에서는 중생들이 당장 사느냐 죽느냐의 기로에 서 있는데 법당에서 목탁을 치며 인류의 평화를 아무리 축원한들 무슨 소용이 있겠는가. 전쟁과 기아와 질병으로 중생이 죽어 나가면 극락왕생을 비는 천도의식이나 해주는 불교가 되지 말고, 사전에 그와 같은 죽음의 원인을 차단하는 노력을 기울여 중생의 고통을 덜어주는 불교가 되어야 한다고 생각하여 난관을 이기고 평화의 불을 이운하게 된 것이다.

　평화의 불을 모신 채 1500여 년간 중국과 함께 흥망을 함께 해온 소림사에서 역사의 현장을 둘러본다. 긴 세월의 억겁을 견뎌오면서 4차례의 큰 화재로 옛 사찰은 모두 파괴됐다. 청나라 때 중건된 장경각과 일부 건축물도 1944년 폐허가 되어 문화대혁명 말기까지 소림사에는 달마동과 탑림(塔林), 비석 등 일부 유적만이 남게 됐다. 1974년 산문을 보수하기 시작한 중국 정부는 대웅전을 보수해 1979년 대외에 개방했다. 소림사는 사회주의 정권 수립 후 일반인에게 개방된 최초의 종교 시설이었다.

하지만 과도한 상업화로 선종 불교의 고유한 정신을 망각한 소림사의 행태는 중국 내에서도 논란이 거세다. 무엇보다 선승(禪僧)의 독경 소리는 사라지고 관광객의 발걸음과 무승(武僧)의 기합 소리만 요란한 오늘날 소림사에서 달마대사의 꿈과 정신이 느껴지지 않는 점이 더욱 안타깝다. 산문을 나서는 발길이 무거웠다.

4장

평화를
기원하는
사람들

238

마음 같아서는 평화의 불이 중국 서안에서 만주를 지나 압록강을 건너 평양을 거쳐 판문점을 통해 임진각에 갈 수 있기를 간절히 바랐다. 그러나 그 꿈은 이뤄지지 못한 채 시간은 흘러 결국 바닷길을 가기 위해 청도로 가는 밤기차에 오를 수밖에 없었다. 평화의 불은 인천항을 거쳐 임진각 평화누리 광장에 불을 밝혔고, 우리는 '분단의 벽을 넘어 평화를 꿈꾸다'라는 주제로 대법회를 봉행했다.

평화의 불 이운을 통해 골이 깊어지는 남북한 대치상황을 평화적으로 해결하고자 했다. 또한 갈수록 도를 더해 가고 있는 물질만능의 폐해 속에서 부처님의 자비사상과 원융화합(圓融和合)을 평화의 불로 담보해 내려 했다. 이는 평화의 불을 세계 곳곳에 봉안하여 마음에는 평화를, 사회에는 소통을, 국가에는 안정을, 지구촌에는 평화를 기원하고, 불국정토(佛國淨土)가 이룩되기를 기원하고자 함이다.

남은 원력이라면 금강산 신계사를 비롯 북녘의 보현사, 광법사, 성불사 등 북녘에도 평화의 불을 밝히고 남북화해와 통일을 함께 기원하였으면 한다. 이것이 진정 최우선으로 바라는 수행자의 발원이다. 앞으로 평화의 불은 평화를 원하는 곳, 평화가 있어야 할 곳, 평화를 바라는 곳을 찾아가 평화를 나누어 줄 것이다. 이로 인해 마음이 평화로워지면 가정이 평화롭고, 이웃이 평화롭고, 사회가 평화롭고 이 나라가 평화로워질 것으로 믿는다.

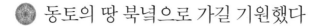# 동토의 땅 북녘으로 가길 기원했다

중국에서의 모든 행사를 마친 평화의 불은 한국으로 가는 마지막 여성을 서두르고 있었다. 그런데 마음 한구석이 요동치고 있었다. 휴대전화기만 만지작거렸다. 한국문화재단 박보희 이사장이 평화의 불이 압록강을 건너 평양을 거쳐 판문점을 통해 임진각에 갈수 있도록 북한과 외교적인 노력을 하고 있기 때문이었다. 그러나 기다리는 연락은 오지 않고, 시간은 계속 흘러갔다. 결국 방북은 허락되지 않았고, 야속하게도 예정된 밤기차 시간이 다가왔다. 그 간절한 기원과 바람을 뒤로 한 채 밤기차에 오를 수밖에 없었다.

그렇게 원하던 평화의 불 방북이 무산되고 만 것이다. 당시 남북관계가 워낙 악화되어서 평화의 불이 북한에 들어가는 것이 현실적으로 불가능했다. 하지만 그렇기에 더더욱, 다른 한 편으로 보면 지금 이때가 평화의 불이 가장 절실할 때가 아닌가 생각도 했다. 진한 아쉬움, 이것이 한반도의 현실이었다. 이 현실을 조금이나마 변화시키기 위해 길을 나섰던 것이다.

한국을 출발, 룸비니 동산에서 평화의 불을 채화하여 히말라야를 넘었

다. 그리고 혜초 스님의 길을 따라 서역과 대륙을 관통하여 한반도까지 무려 2만 km를 온 것이다.

그렇게 모셔온 평화의 불이 북녘 땅을 통해 한반도로 들어와, 평양을 거쳐 한국에 들어올 수 있었으면 했다. 그렇게 임진각에 도달하여 '분단의 땅에서 평화를 꿈꾸다'라는 주제를 가지고 한반도 평화정착 기원 법회를 원만하게 했다면 얼마나 좋았을까. 평화와 통일이 몇 발짝 더 가까워졌을까. 기차에 오른 뒤에도 마지막까지 남은 아쉬움이었다.

● 진한 아쉬움을 가슴에 묻다

평화의 불은 채화와 분등에만 상징성이 있는 것이 아니다. 또 하나의 큰 의미가 순례자의 여정 속에 있다. 순례자들의 가슴마다 들려진 평화의 불은 그들이 걷는 길 위에서 점점 더 큰 의미가 부여되고 인류의 염원을 담아내게 된다. 평화의 불은 세계의 주요 분쟁지역을 관통했다. 그 길에서 만난 분쟁지역의 사람들(네팔, 파키스탄, 티베트, 신장 위구르, 카슈가르, 호탄, 쿠차, 투루판, 난주, 서안)의 기도와 염원이 평화의 불에 담겼다. 그리고 지역 종교지도자들의 메시지를 직접 평화의 불에 새기도록 했다.

오랜 내전(內戰)으로 부모를 잃은 어린 소녀의 기도, 전쟁터에 자식을 보낸 부모의 간절한 소망, 가족을 위해 어쩔 수 없이 총칼을 들고 피 묻은 철모를 써야 하는 군인들, 그리고 가족의 생계을 위해 먼 타지로 돈을 벌기 위해 떠난 가장 그리고 남은 그의 가족들……. 이 모든 염원들이 평화의 길에서 평화의 불 속에 담기게 했다.

그래서 '구법의 길'은 2013년 '평화의 길'로 다시 태어나게 되는 것이기

도 하다. 그런데 마지막 분단 지역인 한반도 동토의 땅, 북녘 땅을 밟지 못
하여 마음 한구석에 진한 아쉬움으로 남았다. 평화의 길을 따라 밝혀진 평
화의 불! 끊임없이 타오르는 그 불은, 언젠가 인류 평화가 이룩되는 날 행복
한 소거(消去)를 이룰 것이다.

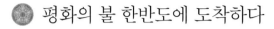# 평화의 불 한반도에 도착하다

중국에서의 대장정이 끝났다. 기나긴 여정에도 이제 끝이 보이기 시작했다. 평화를 염원하며 지나온 2만km의 대장정. 드디어 세계의 평화를 상징하는 평화의 불이 인천항을 통해 한반도 땅으로 들어왔다. 그 동안 단 한 차례도 꺼뜨리지 않고 불씨를 지켜온 평화의 불이 수많은 이들의 염원을 담은 채 마침내 이 땅에 도착한 것이다.

한반도는 동서와 남북의 갈등으로 불안한 시간이 계속되고 있다. 이러한 시기에 불자들의 원력으로 세계평화 정착과 남북한 화해를 기원하는 평화의 불을 이운하게 됨은 정말 뜻깊은 일이다. 평화의 불 한국 이운 행사는 부처님의 평화사상과 자비정신이 지구촌에 널리 펼치기 위함이다. 서로가 소통하고 화합하여 평화로운 세계가 이룩되기를 발원하고 한반도에 평화가 정착되기를 바라는 것이다.

부처님 탄생 성지 네팔 룸비니 동산에서 출발한 이 불은, 부처님의 자비광명처럼 온 세상에 평화를 퍼뜨리며 한국에 도착했다. 남북 간의 갈등, 이

넘간의 대립, 계층·세대 간의 불화 등으로 혼란스러운 국민들에게 평화의 불은 한 줄기 평화와 화합의 서광(瑞光)을 비추게 될 것이다.

● 또 한 번의 기적이 일어나다

긴 여정의 끝이 보였다. 평화를 염원하며 지나온 2만 km의 대장정. 한반도의 평화를 기원하기 위해 떠난 길이었다. 하지만, 돌아올 때는 모든 사람들의 평화를 기원하는 마음을 평화의 불에 담아 왔다. 많은 이들의 소망을 안고 룸비니를 떠났던 평화의 불이 평화를 안고 대한민국에 왔다. 이젠 이 평화의 불은 마지막 종착지 임진각에 평화를 발원하며 안착하게 될 것이다.

인천항에 도착한 평화의 불은 많은 사람들의 환영을 받았다. 귀국 기자회견을 하고 임진각 평화누리 광장으로 향했다. 그런데 생각지도 못했던 큰일이 일어났다. 인천항을 떠나 임진각으로 가는 자유로에 들어서자 갑자기 굵은 비가 내리기 시작한 것이다. 평화누리 광장에서는 '분단의 벽을 넘어 평화를 꿈꾸다.' 행사 준비가 한창이고 1만여 명의 불자들이 운집하려 하는데 비가 속절없이 내리니 정말 막막했다. 행사장에 전화를 해보니 비가 내려서 행사 준비가 엉망이 되었다고 울상이었다. 그런데 서울에는 비가 내리지 않고 행사를 할 파주·일산 지역에만 비가 내리고 있었다.

내리는 비가 원망스러웠다. 그래서 불보살님께 기도를 올렸다. "오늘은 부처님 탄생 성지에서 모셔온 평화의 불이 마지막 분단국가인 한반도에 도착한 날입니다. 역사적인 오늘의 행사가 원만히 이루어지도록 가호하여 주십시오."

그렇게 빗속을 달려 1시간 만에 평화의 불이 닿을 마지막 종착지, 경기도 파주 임진각에 위치한 평화누리 광장에 도착할 즈음이었다. 세차게 내리던 빗줄기가 어느 순간 보슬보슬 가늘어지더니 이내 하늘이 맑게 개었다.

성스럽고 장엄한 법회를 앞두고 부처님께서 청정한 빗줄기로 주변을 깨끗이 정화해 주었다는 생각이 든다. 대지는 깨끗이 정화되고 공기는 상쾌해졌다. 그날 내린 비는 60여 년의 아픔은 물론 앞으로 우리 땅 우리 한민족의 아픔이 치유되기를 바라는 감로수처럼 느껴졌다. 또 한 번의 기적과 불보살님의 가호로 평화의 불은 통일과 소원의 불이 되어 남북 땅 모두를 향해 환하게 불빛을 밝혔다.

🔅 임진각에서 평화의 불이 타오르다

한숨 돌릴 틈도 없이, 평화의 불이 안착할 임진각 평화누리 광장에 불자들이 모였다. 수만의 인파가 운집한 곳으로 평화의 불이 이운되었다. 그리고 마침내 평화의 불 점화식이 거행되었다. 룸비니 동산에서 채화된 평화의 불이 임진각에서 활활 타오르기 시작했다. 원융무애(圓融無碍)의 불꽃이었다.

북녘의 땅에도 평화의 불이 전달되어 남북이 화해하고 평화를 사랑하는 한민족의 면모를 보여줄 수 있기를 기원했다. 모든 이들의 바람은 하나, 분쟁과 갈등을 넘어 한반도에 새로운 평화가 정착하는 것이다.

또한 평화의 불이 우리 한반도의 갈등과 분쟁을 모두 소멸시키고 앞으로 영원히 평화만을 만들어낼 수 있기를 원했다. 작은 불씨가 모여 큰 불꽃을 이루듯, 한 사람, 한 사람의 염원이 결집된다면 '한반도 평화'라는 큰 여망도 이뤄질 것이다.

평화의 불은 힘차게 타올랐다. 뭇 생명이 바라는 평화와 인간들이 조성한 갈등과 긴장이 공존하는 이곳에서 말이다. 이 날카로운 대립이 이미 반백년

을 훨씬 넘어서고 말았다. 룸비니에서 불씨 하나 들고 새로운 '평화의 길'을 개척하며 이곳 분단지역까지 온 이유는 이 작은 불꽃이 한반도와 온 누리의 평화를 위한 불꽃이 되기를 간절히 발원하기 위해서였다.

평화의 불 한국 이운은 한반도 정전 60주년을 맞아 남북의 평화 정착과 불법홍포를 발원하는 의미를 담고 있다. 평화의 불 한반도 이운을 계기로 나날이 깊어가는 남북한의 골이 메워지기를 발원했다. 모든 갈등이 평화적으로 해결되어 부처님의 자비사상과 원융화합(圓融化合) 속에 평화를 담보해 내었으면 했다.

평화의 불 한국 이운 대법회 '분단의 벽을 넘어 평화를 꿈꾸다.'에는 스님과 불자 1만여 명이 함께했다. 대한불교조계종 총무원장 자승 큰스님은 법어에서 "민족 간의 갈등을 치유하고 한민족이 항구적인 평화의 길을 모색

하기 위해 어려운 고행의 길을 택해 평화의 불을 이곳 임진각까지 이운한 원력과 노고에 치하를 보낸다."고 하였다. 또 대한불교조계종 중앙종회의 장 향적 스님은 축사에서, "한반도 평화를 위해 저 멀리 룸비니 동산에서부터 평화의 불을 채화해 중국 불교성지를 거쳐 임진각 평화누리 광장까지 이운한 원력은 신라 혜초 스님의 구법의 길에 비견되는 큰일"이라고 하였다.

대한적십자사 이윤구 총재는 "저 강 건너 개성에서 평양을 거쳐 신의주까지, 동해안 거진에서 금강산을 거쳐 원산으로 함흥으로, 그리고 두만강까지 삼천리 금수강산에 평화의 불을 밝히는 행진이 오늘 시작됐다고 생각하

니 제 가슴이 뛴다."며 감격했다.

도선사 조실인 현성 큰스님은 기원사에서 "도선사 주지스님인 선묵혜자 스님은 주지로 부임하면서 도선사에 많은 일을 하였습니다. 몇 년 전에는 한국 사찰로는 처음으로 중국 법문사 진신지골사리를 모시고 친견법회를 봉행하였고, '108산사 순례기도회'를 통하여 사회적 위상을 높이고 있습니다. 앞으로 청담문도회와 도선사는 '108산사 순례기도회'의 신심을 다지고, 이 평화의 불을 삼각산 도선사에 잘 봉안하여 영원히 꺼지지 않는 자비와 지혜의 불이 되도록 할 것입니다."라고 했다.

● 한국문화재단 박보희 이사장에게 감사하다

북한의 핵 위협으로 한반도 선생 위기가 최고조에 이른 가운데 종교계에서 북한 최고위층 접촉이 시도되고 있었다. 평화의 불이 북녘 땅을 거쳐 임진각에 오게 하기 위해서이다. 한국문화재단 박보희 이사장은 은밀히 평화의 불이 압록강을 건너 평양을 거쳐 판문점을 통해 임진각에 도착하도록 외교적인 노력을 경주했다. 또한 평양에서도 한반도 평화기원 의식을 계획하였다.

그러나 이 같은 노력은 남북의 극한 대립으로 이루어지지 않았다. 이번에는 그 계획이 이루어지지 않았지만 언젠가 평화의 불을 모시고 남북이 함께 복원한 금강산 신계사 등 삼천리 방방곡곡을 돌며 평화통일과 부처님 법을 전하기 위한 순례행진을 계속하겠다고 원력을 세웠다.

실제 박보희 이사장은 1991년 12월 고(故) 문선명 목사님을 수행하고 고(故) 김일성 주석을 면담했다. 1994년 7월 김 주석 사망 때 한국에서 유일하게 북한을 방문해 조문하며 고(故) 김정일 국방위원장과 두 차례 만난 바 있다. 남한 인사 가운데 김정은 국방위 제1위원장의 부친(김정일)과 조부(김일

성)를 동시에 만나 우호적인 관계를 유지해온 사람은 박 이사장이 유일하다. 이러한 인연으로 평화의 불이 북녘 땅을 통해 임진각에 오도록 심혈을 기울여 줬던 것이다. 남북의 평화를 위해 헌신한 박보희 이사장님에 대한 고마운 마음을 지금까지 간직하고 있다.

당시 정부 관계자는 "현재로선 성사 여부를 예측할 수 없지만, 성사될 경우 지난 5년 가까이 막혀 있던 남북관계 개선에 좋은 계기가 될 것으로 본다."고 말했다. 박보희 이사장은 임진각 법회에서 축사를 통해 "오늘부로 5,000만 하나하나의 가슴속에 평화의 불꽃이 심어졌고, 북한 3,000만 동포에게도 심어질 것"이라며 "평화의 불은 평화통일을 이루는 초석이 될 것이다"라고 말했다.

● 반기문 유엔사무총장의 축하 메시지

유엔 사무총장 반기문입니다.

오늘 이 뜻깊은 불교 행사는 한반도 평화를 갈구하는 우리 국민과 불자 여러분의 자비정신을 바탕으로 애국심이 있었기에 평화의 열기가 남북을 관통하며 메아리치는 것으로 생각됩니다.

작금의 현실은 동서간, 남북간 극도의 위기가 계속 되면서 국민들에게 평화정착이 절실한 상황입니다.

이러한 때에 대한불교 조계종이 주최하고, 선묵혜자 스님과 마음으로 찾아가는 108산사순례기도회가 주관하는 '분단의 벽을 넘어 평화를 꿈꾸다' 라는 주제로 임진각 평화누리 광장에서 한국 전쟁 정전 60주년을 기념해 열리는 행사가 남북의 긴장관계를 해소(解消)하고 평화가 정착되기를 기원하는 다채로운 행사로 진행됨을 축하합니다.

특히 부처님 탄생 성지인 네팔 룸비니 평화의 불이 구법(求法) 순례의 길로 한국에 이운(移運)되어 이 같은 뜻깊은 행사를 펼침은 세계 각국에서 유엔군으로 참전해 전사한 이들을 위한 추모의 정(情)은 뜻이 깊다고 생각합니다.

이는 유엔군과 많은 나라의 도움과 희생이 있었기에 오늘날 한국의 눈부신 경제발전과 국제사회의 리더로 성장할 수 있었다고 생각합니다. 한국은 이 분들의 숭고한 희생과 정전(停戰)으로 인하여 경제대국은 물론 국제사회의 당당한 주역이 될 수 있었습니다 이번 행사를 계기로 부처님의 자비와 지혜의 정신을 실천하며 평화를 사랑하는 한민족의 마음을 보여주기를 바랍니다.

우리는 '세계일화(世界一花)' 마음으로 극단적인 생각과 편견(偏見)에 사로잡혀 평화와 자유는 짓밟히고, 사람들 가슴에는 큰 상처와 비극을 남기는 일이 다시는 일어나지 않도록 두 손 모아 기원합시다. 역사적 과오를 참회(懺悔)하고 세계평화와 인류공영의 거룩한 발걸음을 내딛어야 합니다.

오늘 '분단의 벽을 넘어 평화를 꿈꾸다'라는 주제의 이 뜻깊은 행사가 원만히 회향(廻向)되어, 한반도 평화와 세계평화의 물결을 조성하고 유엔 참전 군인과 전쟁으로 유명(幽明)을 달리한 이들에 대한 추모와 화해, 용서와 교류의 장이 되기를 바라면서 축사에 가름합니다.

2013년 5월 2일 유엔사무총장 반기문

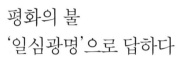

평화의 불
'일심광명'으로 답하다

우리는 한국전쟁 정전 63년을 맞이했다. 현재 한반도는 6·25 한국 전쟁이 끝나지 않은 상태이다. 6·25전쟁은 다만 잠시 휴전 상태일 뿐, 아직도 한반도는 전쟁의 도화선으로 남아 있다. 지금 우리는 시한부의 평화를 누리고 있을 뿐이다.

한반도에 평화가 정착되기를 기원하기 위해 '평화의 길'을 따라 분쟁지역을 거쳐 왔다. 2만 km의 평화 길에서 갈등, 대립, 침묵, 무상, 행복, 우정, 화해, 용서, 평화를 보았다. 평화의 불이 다다를 때마다 보여 준 진정한 화합과 행복이 무언지를 배웠으며 많은 기적을 보았다.

인간이 바라는 평화! 이제 그 평화가 한반도뿐만이 아닌 전 세계의 평화를 위해 바람을 타고 퍼져 나가기를 기원했다.

구법의 길을 따라 새로운 '평화의 길'을 개척하며 달려온 평화의 불은 마지막 한반도에서 그 여정을 마쳤다. 네팔 룸비니에서 채화한 평화의 불은 생명체가 살지 못하는 설산과 거친 사막을 오르고 건너 갈등과 분쟁의 땅을 지나

평화를 기원하는 사람들

서해를 건너 임진각 평화누리 광장에 설치된 채화경에 점화되었다.

한국전쟁 정전 60주년을 기념하여 평화의 불 이운 법회 1부를 봉행할 때 20여 마리의 기러기가 일렬로 북녘 땅으로 날아갔다. 그때 북녘 하늘을 바라보며 우리들도 저렇게 자유로이 북녘 땅을 갈수 있었으면 좋겠다고 생각했다. 제2부 행사를 마치고 참석한 불자들과 함께 평화누리 광장을 출발 '석가모니불' 정근을 하며 임진각 곳곳을 돌았다.

임진각 마지막 철책선 바로 앞에는 한반도 지도가 있었다. 그 지도에 평화의 불을 밝힌 초를 장엄하기 위해 평화의 언덕에 다다르자 일심광명 무지개가 떠올라 지상에서 일자(一字)로 하늘로 솟구쳤다. 수많은 불자들이 환호했다. '우리는 하나'라는 것을 의미하는 듯하여 참석한 모든 불자들과 함께 불보살님의 가피를 느꼈다. DMZ지역 지상에서 일자로 뚜렷하게 솟구친 무지개를 보며 남북은 둘이 아닌 하나라는 생각을 했다.

세계 유일 분단국인 한반도. 지난 60여 년의 아픔은 물론 앞으로 일어날

우리 땅의 아픔까지 치유될 수 있길 기원했다. 그때까지 평화의 불은 대한
민국 곳곳에서 빛을 발할 것이다. 어쩌면 평화의 불이 옴으로 하여 멀지 않
는 미래에 이 땅에 진정한 평화도 도래하지 않을까 하는 생각을 했다.

　그리고 항상 발원하고 있다. 마음에 평화가 있으면 가정에 평화가 있고,
가정에 평화가 있으면 이웃 간에 평화가 있고, 이웃 간의 평화가 있으면 사
회에 평화가 있고, 사회에 평화가 있으면 나라에 평화가 있으니, 이렇게 평
화가 정착되어 한반도의 평화와 세계의 평화로 이어지기를……

평화를 기원하는 사람들

● 도선사에 평화의 불을 봉안하다

호국참회도량 삼각산 도선사에 평화의 불을 봉안하고 불자들과 함께 '한반도 평화 정착 발원과 국태민안 평화기원 108염주를 만드는 108일 기도'에 들어갔다.

"간절함은 그 어떤 절박함도 뛰어 넘는다."고 했던가. 혜초 스님이 구법의 길을 떠났을 때의 그 마음처럼 수만 리를 거쳐 평화의 불을 모시고 임진각으로 돌아왔을 때 남북평화가 다시 이어지기를 간절하게 원했다. 더구나 남북경색이 조금이라도 풀어지는 조짐이 일어났을 때, 기쁨은 이루 말할 수 없었다. 그랬다. 모든 이의 간절함처럼 우리 국민들의 마음도 간절했을 것이다. 물론 남북 당국회담은 다시 원점으로 돌아가고, 핵실험과 미사일 시험 발사로 갈등과 불안으로 치닫고 있지만 평화의 불로 인해 곧 대화가 재개가 되리라 굳게 믿고 있다. 내전상태에 있던 네팔로 부처님 진신사리를 모시고 2552년 만에 귀향했을 때처럼…….

남북의 화해와 평화 정착에는 많은 인내가 필요하다. 분단이 된 지 70여

년을 기다려 왔다. 참고 기다리면 반드시 평화가 올 것이라 확신한다. '평화의 길'을 개척하며 온 평화의 불이 꺼지지 않고 타오르고 있기 때문이다. 그래서 108산사순례기도회는 평화의 불을 모시고 북한 땅을 두루두루 돌며 신계사를 비롯하여 보현사, 성불사, 광법사도 갈 수 있으리라 믿는다.

원래 하나였던 우리는 너무 오랜 세월 동안 둘로 갈라져 살아왔다. 함께 살아야 할 사람은 함께 실아야 한다. 우리 민족 또한 그렇다. '108산사순례기도회'가 북한 지역에 있는 사찰 등을 반드시 순례하여 북한에 있는 전 사찰에 평화의 불을 분등할 수 있기를 바란다. 꽃피고 새가 우는 아름다운 금강산에 우리 108보현행자들이 순례를 가서 평화의 불을 밝히고 기도하는 그날을 간절히 기다린다.

한반도의 중심에 평화의 불을 밝히다

2013년 5월, 2013 충주 세계조정선수권대회를 석 달 앞두고 평화의 불이 한반도의 중심 충주 중앙탑에 불을 밝혔다. 평화의 불이 한국에 이운되어 삼각산 도선사에 안착한 후 최초로 이루어진 분등 행사였다.

충주 탄금호 중앙탑 공원에서 열린 2013 충주 세계조정선수권대회 성공 개최 기원법회에서 108산사순례기도회 순례자 5,000여 명은 대회가 성공적으로 개최되어 지구촌 평화의 초석이 되기를 한마음으로 기원했다.

"충주 세계조정선수권대회의 성공개최가 지구촌 평화의 초석이 되게 하소서. 남과 북 대립상황을 해결하기 위한 정진의 장이 되어 평화의 불이 천지를 비추게 하소서."

2013년 5월 23일과 24일에 이어 회향날이던 25일 충주세계조정선수권 성공개최 기원법회는 우륵 국악단과 태견 시범단 공연으로 문을 열었다. 108산사순례기도회 부부불자로 구성된 육법공양단이 향, 등, 꽃, 과일, 차, 쌀을 부처님께 공양 올린 뒤 네팔 룸비니 동산에서 채화한 '평화의 불' 점화

가 이어졌다. 충주세계조정선수권대회가 지구촌의 화해와 평화의 장으로 거듭나길 발원하는 마음이었다.

대회를 앞두고 충주 지역 불교계는 2013 충주세계조정선수권대회의 성공개최를 위해 불심을 연등으로 표현해 중앙탑 주변을 장엄했다. 108산사 순례기도회 회원들은 두 손을 모아 세계조정선수권대회의 성공을 기원하는 발원문을 낭독했다. 이어 석가모니 정근을 하며 충주 중앙탑과 탄금호를 돌며 세계조정선수권대회에 평화의 기운이 가득하길 바랐다.

충주시 사암연합회장 정관 스님의 축사를 하고, 진여원 이사장 현각 스님이 축원을 통해 평화가 정착되기를 기원했다. 현각 스님은 "자연과 하나 되는 지구촌 물의 축제 세계조정선수권대회는 평화의 불을 밝히는 성지가 될 것"이라고 말했다. 이종배 충주시장은 "대회의 성공을 기원하는 일은 나와 우리, 세계가 둘이 아니라는 부처님 가르침의 사회적 실천"이라며 "이 곳에 '평화의 불'을 밝히는 것은 지구촌이 함께 더불어 사는 그 길을 비추는 의미"라고 역설했다.

이날 이기흥 중앙신도회장은 "오늘 8월 충주에 전 세계의 이목이 집중된다."며 "이번 대회의 성공을 위해 부처님 탄생성지에서 채화한 평화의 불을 이곳 한반도의 중심에 밝히고 불자들의 간절한 서원을 모은 만큼 지구촌에는 평화가 정착되고 참가한 모든 선수들이 좋은 성적을 거둘 것"이라고 말했다.

많은 이들의 기원이 닿아 2013 충주세계조정선수권대회는 8월 25일부터 9월 1일까지 8일간 충주 탄금호 국제조정경기장에서 성황리에 개최되었

다. 세계 73개국 1700여 명이 참가하여 스포츠 정신을 발휘하며 세계에 평화의 정신을 퍼뜨렸다. 충주 중앙탑 평화의 불 분등 행사와 함께 평화의 불의 의미를 다시 한 번 되새기게 한 국제적이고 뜻깊은 행사였다.

2013 충주세계조정선수권대회 法語

수심(水心)이 얼마인지 헤아려 무엇하리

피부색을 구분해 무엇하리

나라를 알아서 어디에 쓰랴

세계의 건각(健脚)들이 탄금호(彈琴湖)에 모여

평화의 자웅(雌雄)을 겨루는구나.

오늘 여기 한반도 중심 고을에 원성(圓性)은 홀로 빛나
생사(生死)와 열반(涅槃) 번뇌(煩惱)와 보리(菩提)가
하나이며 두두물물(頭頭物物)영원하도다.

물결을 가르며 모든 번뇌망상(煩惱妄想)을 없애니
이곳 탄금호엔 부처와 중생(衆生)이 따로 없도다.

한 생각 되돌아보면 모두가 제자리로다.
생사(生死)를 넘어 중생(衆生)의 몸으로 태어나지 않고
모든 악(惡)을 떠나 세계일화(世界一花) 이루니
쉬세나 청풍(淸風) 부는 곳 충주 고을

평화를 기원하는 사람들

감로수(甘露水)가 끊임없이 흐르니

힘차게 젖는 노마다 만복(萬福)이로다.

신령(神靈)한 기운이 사방(四方)에 퍼지고

지구촌(地球村) 화합과 국위선양(國威宣揚) 이루어지니

어이해 수지(水地) 천룡(天龍)이 즐겁지 않겠는가.

엎드려 바라오니 이 축제(祝祭) 마친 후

한반도 중심고을에서 울려 퍼진 평화의 소리가

만 중생이 가슴에 울려 마음에 평화를 얻어

홀연히 밝은 눈뜨고 상락(常樂)을 누리소서.

한반도 중심고을 충주(忠州)는

봄이면 복사꽃 만개하고

여름이면 능금화 그 향기를 더하며

가을이면 탄금호 푸른 물결 마음까지 맑게 하니

탄금대 가야금 소리 흰 눈과 어우러져

이곳이 평화 가득한 정토(淨土)로다.

금일(今日)에 80개국 2천 3백 세계인 하나 되어

평화의 불 밝히고 평화(平和)의 노래 부르니

웅호장재(雄乎壯哉)라.

대한민국 중심에 국화(菊花) 만개하니

원앙새 기쁨의 노래 부르고

주홍색 사과가 주렁주렁 열리니

찾는 이 발 길 끝이 없는

이곳이 미륵(彌勒)이 나투실 정토(淨土)로다.

평화의 불 이운 원력(願力)은 하늘에 닿고

희망은 수미산(須彌山)을 넘는구나.

이제 지극(至極)한 정성으로 마음을 일으켜

하나의 목표를 향하니

인연(因緣)이 사방(四方)에 퍼지고

그 공덕(功德)이 만중생(萬衆生)에 이르리라.

혼탁(混濁)하고 어둡고 고통 많은 세상(世上)에서

생사(生死)없는 대자유(大自由)의

참된 모습으로 생활을 하는 충주고을 백성들

시비(是非) 선악(善惡) 사량분별심(思量分別心)을 여원

정토(淨土)에 사는 선근인연(善根因緣)

평화(平和)의 불이 훈풍(薰風)되어 불어오니

남북통일(南北統一)의 희망이 가까워 오는구나.

미래(未來)에 한반도 중심고을 충주는

평화를 수놓는 중심(中心)으로

우정(友情)과 화합(和合)의 핵(核)으로

그 역할(役割)을 다할진져

광명(光明)의 빛이 하늘을 덮고 땅을 덮으니

천룡팔부(天龍八部)는 중앙탑을 감싸며

물과 환경을 보호함이 만세무궁(萬歲無窮)하리라.

세계를 향한 꿈의 도전 환희(歡喜)와 위용(偉容)이여,

자연과 하나 되는 지구촌(地球村) 물의 축제

2013년 충주세계조정선수권대회는

복연선경(福緣善慶)의 자유(自由)와

평등평화(平等平和)가 목전(目前)에 분명(分明)하구나.

백천중생계(百千衆生界)에 무량공덕(無量功德)과

기원성취(所願成就)를 이루는 성지(聖地) 되고

이 거룩한 불사(佛事)가 무탈(無頉)하게 회향(回向)되어

평화(平和)가 정착(定着)되고 세계가 하나 되고

대한민국 국민이 행복(幸福)하고

민족이 통일되는 초석(礎石)이 되기를

간절히 두 손 모으나니

이 원(願)대로, 뜻대로 이루어리라

확신하누나.

癸巳年 初夏 大韓佛教曹溪宗

108山寺巡禮祈禱會 會主 禪默慧慈 合掌

최전방 군 법당에 평화의 불을 밝히다

2013년 6월 25일 오후 3시, 한국전쟁 발발 63주년을 맞아 평화의 불을 모시고 경기도 연천 육군 제5사단 열쇠전망대와 군 법당 통일각을 방문했다. 평화의 불을 봉안하고 평화의 불빛이 북녘 땅에 비추어지기를 발원했다.

열쇠전망대는 백마고지가 인접한 최전방으로, 한국전쟁 당시 최대의 격전지 중 하나로 많은 희생자가 발생한 곳이다. 앞으로 남북 간 평화가 정착되어 북녘 땅의 묘향산 보현사, 금강산 신계사, 정방산 성불사, 대성산 광법사 등에도 평화의 불을 밝히기를 발원하며 DMZ 너머로 보이는 북녘 땅을 바라보았다. 새들은 철조망을 자유롭게 넘나들고 있었다.

5사단 박해준 법사는 환영사를 통해 "5사단 군법당(통일각) 앞에 서 있는 5층 석탑에는 미얀마에서 모셔온 부처님 진신사리가 모셔져 있다. 그런데 오늘 이곳에 룸비니에서 모셔온 평화의 불이 밝혀진 것은 크나큰 인연이다. 먼 길 오신 선묵혜자 스님과 108산사순례기도회 회원 여러분께 감사를 드린다."고 말했다.

108산사순례기도회 회원들은 기념법회 후 남북의 평화를 기원하는 촛불을 밝힌 채 평화의 불을 따라 군 법당인 통일각까지 이동했다. 종각과 5층 석탑 탑돌이를 거쳐 법당에 도착했다. 회원들은 남북평화를 기원하며 밝힌 촛불과 함께 가져온 초코파이를 불단에 올린 후 발원문을 봉독하며, 한국전쟁 희생영령과 전몰장병의 극락왕생, 남북 간 긴장해소와 평화 정착을 기원했다.

평화 속에 평안히 잠들길 기원하다

　강원도 화천 평화의 댐. 이곳 화천은 파로호와 백암산 점령을 위해 아군과 적군의 치열한 전투가 벌어진 곳이다. 장마로 매섭게 비가 퍼붓던 날, 평화의 성지로 불리는 화천댐에서는 신성한 의식이 거행되었다. 정전 60주년을 맞아 피아(彼我)를 떠나 그들의 넋을 기리는 의식이다. 세계 22개국 주한대사들과 평화의 대사들이 대거 참석한 이 자리에서 6.25 전쟁 당시 목숨을 잃은 28개국 10만 병사들의 극락왕생과 화해와 용서를 바라는 세계 평화 위령제가 펼쳐진 것이다.

　이렇게 평화의 불은 이 땅에서 산화(散花)해 간 생명의 극락왕생을 발원하고 전몰자들이 맺은 응어리를 풀고 평온히 쉬기를 기원했다. 세계평화 위령탑 건립을 통해 평화의 바람이 화천에서 불기 시작해 세계 곳곳에 평화의 물결이 출렁이기를 기원했다.

　대한불교조계종 총무원장 자승스님은 "여기에 묻힌 젊음과 고귀한 생명이 영원한 평화가 되어 이곳 사바로 돌아오기를 정성으로 발원한다."고 했다. 최문순 강원도지사는 "서로 얼굴도 모르는 젊은이들이 총을 맞대고 서로를 죽이고 죽은 역사가 이제 60년이 됐습니다. 이 애처로운 영혼들이 이제 그 한을 풀고 안식과 평화 속에 잠들기를 간절히 기도합니다."라고 발원했다.

아군과 적군의 구분 없이 오로지 젊은 영혼들의 넋을 기리기 위해 마련된 위령제. 그 앞에서 평화의 불이 활활 타오르고, 수많은 장병들을 위로하는 기도와 함께 특별한 의식을 거행했다.

평화를 기원하는 사람들

철책선 너머로 평화가 전해지길 기원하다

한반도의 평화를 기원하기 위해 멀고 먼 순례길을 달려온 평화의 불을 가슴에 안고 눈이 향한 곳은 갈 수도 없고 만질 수도 없는 북녘 하늘이었다. 하지만 바라고 또 바랬다. 염원으로 뭉친 이 뜨거운 평화의 불이 그리고 불제자의 진정한 바람이 철책선 너머에 있는 이들에게도 전해지기를⋯⋯. 그리고 우리들 마음에도 평화가 찾아오기를 기원했다.

세계 유일 분단국인 한반도. 지난 60여 년의 아픔은 물론 앞으로 우리 땅의 아픔까지 치유될 수 있길 기원했다. 그때까지 평화의 불은 대한민국 곳곳에서 빛을 발할 것이다.

한반도의 분쟁과 분단의 아픔을 어루만져 줄 평화의 불은 대한민국 땅에서 절대 꺼지지 않는 불씨가 되어 동토의 땅 북녘을 밝게 비춰줄 것이다.

108평화보궁 도안사에 안착하다

평화의 불은 대한민국의 수도 서울 노원구 상계동 수락산에 자리한 108 평화보궁(寶宮) 도안사(度岸寺)에 안착했다.

아담하지만 영험 있는 사찰 도안사는 아침 일출(日出)을 맞는 광경과 밤에 뜨는 월출(月出)의 정경이 탄성을 자아내는 곳이다. 평화의 불이 도안사에 안착하는 날, 그 동안의 여정과 감회를 "평화의 불이 왔습니다."라는 시로 대신해 보았다.

평화의 불이
룸비니에서 DMZ까지
어둠을 걷어내고
아픔을 나누며
어렵사리 왔습니다.

분단의 그 뼈아픈 현실
한반도 허리의
그 가시벨트를 없애기 위해
왔습니다.

평화 불에 손 모으고
이념으로 닫힌 마음의 문
우리는 우리는
하나 된 마음으로 나누었으면 합니다.

평화의 불이
삼천리 곳곳에 밝혀질 때
천룡팔부는 두둥실

부처님도 연화미소
보이시겠지요.

평화의 불이 어렵사리
한반도에 왔습니다.
가시벨트를 걷어내고
민족과 지구촌이 하나 됨을 위하여
힘들게 왔습니다.

평화의 불을 108평화보궁 도안사에 봉안하면서 "오늘 108평화보궁 도안사에 밝혀진 평화의 불은 영원히 꺼지지 않는 지혜광명의 불이 되어 모든 불자들에게 마음의 평화를 주고 동서와 남·북간에 갈등이 없어지고 평화가 정착되기를 기원하는 발화점이 되도록 가호하여 주시옵소서."라고 간절히 발원을 했다.

 평화의 불이 안착한 후 108평화보궁 도안사에는 여러 가지 좋은 일이 이어졌다. 파랑새(관음조)가 도안사에 둥지를 틀어 상서로움을 예고했다. 108산사 순례 여정을 기록한 보궁벽비(寶宮壁碑)를 조성하게 되었고, 상·하수도 및 진입로도 무탈히 정비되었다. 전통사찰과 문화재사찰로 지정되었고, 지중한 인연으로 향로(香爐)가 소성 봉안뇌었다. 또한 2015년 108산사순례기도회 창립 9주년 회향법회 마지막 날에는 일심광명 무지개가 수놓아졌다. 2016년 108산사순례기도회 창립 10주년 기념 법회 회향 날에도 7색 광명 무지개가 3개나 수놓아지는 상서로움이 이어졌다.

 부처님 탄생성지 네팔 룸비니에서 출발하여 이곳 108평화보궁 도안사에 이르기까지, 평화의 불은 많은 이들의 소망과 바람을 담아왔다. 우리 순례단이 품었던 한반도의 평화와 지구촌 평화 정착에 대한 기원, 평화의 길을 앞서 걸은 구법 순례자들의 구법에 대한 기원, 평화의 길을 걷는 동안 각지 사람들이 보여준 평화와 화합에 대한 기원⋯⋯. 평화의 불을 부르는 이들을 만나며 우리는 진정한 화합과 행복이 무언지를 배웠으며, 기적을 보았다. 그 모든 염원을 품고 도안사에 안착한 평화의 불이 이제 그 평화를 한반도뿐만이 아닌 전세계로 퍼뜨려 나가기를 기원해 본다.

 평화의 불은 괴로운 이에게는 즐거움의 불로, 슬픈 이에게는 행복의 불로, 소원이 있는 이에게는 가호의 불로, 우리 민족에게는 통일의 불로 영원히 꺼지지 않는 불이 되어 타오를 것이다.

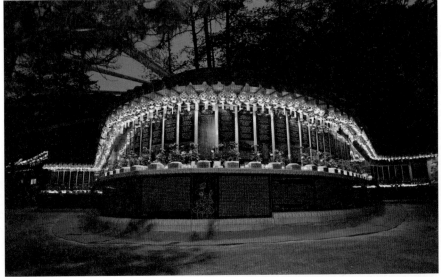

평화의 불 이운 의의와 이운 경과

평화의 불 이운은 '세계는 하나'라는 사상과 유일한 분단국가인 한반도 정전 60주년을 기념해 남북의 평화 정착과 통일을 발원하는 의미를 담고 있다. 부처님의 현신(現身)이 나투신 룸비니 동산에서 채화한 평화의 불은 부처님(佛)을 상징하고, 구법의 길을 따라 '평화의 길'을 개척하며 온 것은 진리를 구하기 위한 가르침(法)의 의미이며, 그 길을 따라 고행과 역경을 몸소 체험함은 수행자(僧)의 의미가 담겨 있다고 할 수 있다.

네팔 룸비니 동산에서 평화의 불 채화 행사 때는 네팔 정부 각료를 비롯 국민 수천여 명이 참석해 한국으로 봉송(奉送)을 축하하고 주요 도시에서도 축하행사를 봉행했다. 평화의 불을 네팔 룸비니 동산에서 채화하여 네팔 야다브 대통령으로부터 봉양받은 것은 평화의 불이 공식적으로 이운됐음을 의미한다. 평화의 불은 구법(求法)의 길을 따라 히말라야 설산을 넘어 티베트, 파키스탄 국경, 카슈가르, 호탄, 타클라마칸 사막과 신장 위구르의 우루무치, 투루판, 쿠차, 둔황, 난주를 거쳐 실크로드를 따라 서안 법문사에 도착하여 분등(分燈)하였다.

뱃길로 서해를 건너 인천항에 도착, 민족의 염원이 서려있는 임진각 평화누리 광장에 이르렀다. 이곳에서 가정에 평화가 넘치고, 남북한은 화해하며, 세계평화가 이루어지기를 기원하는 법회를 봉행했다. 이후 평화의 불은 세계 곳곳과 대한민국 60여 곳에 봉안되어 평화를 기원하며 타오르고 있다.

극으로 치닫는 남북한 대치 상황에서, 평화의 불은 이를 평화적으로 해결하고자 하는 원력의 발현이다. 또한 부처님의 자비사상과 원융화합(圓融和合)만이 평화를 담보할 수 있다는 뜻을 담고 있다. 평화의 불을 세계 곳곳에 봉안함은 마음에는 평화를, 사회에는 소통을, 국가에는 안정을, 지구촌에는 평화를 기원하고, 지구촌에 불국정토가 이룩되기를 기원하고자 함이다.

평화의 불 이운 경로

- 부처님 탄생 성지 룸비니 탄생불 기념석주에 모셔진 진신사리는 2008년 부처님 열반성지인 인도 쿠시나가르 열반당 수투파에서 1910년 출토된 것이다. 300명의 순례단과 함께 네팔을 방문하여 불사리 이운 탄생불 기념석주 제막식을 봉행했다. 당시 네팔의 국내외 많은 언론이 '2552년 만에 이뤄진 부처님의 귀향(歸鄕)'이라는 내용으로 대대적으로 보도했다.

- 부처님 진신사리가 고향 룸비니에 닿기 전 히말라야 산이 보이는 포카라

에서 생명을 살리는 방생 법회를 봉행하며 모든 생명체에 자유와 평화가 깃들기를 기원했다.

- 불기 2556년 네팔 룸비니 동산 입구 메인자리에 '불사리 이운 탄생불 기념 석주'를 세우고 기념법회를 봉행했다. 현재 평화 공원 안에 평화의 종각을 세우고 한국의 종을 조성 봉안하기 위한 불사가 한창이다.

- 불사리 이운 탄생불 기념 석주를 제막하고 네팔에서 돌아와 부처님 탄생 성지 룸비니 동산 있는 평화의 불을 한국으로 이운하기 위한 준비에 들어갔다. 이는 세계의 평화 정착과 남북이 화해를 통해 평화통일을 기원하기 위해서다. '네팔 룸비니 평화의 불' 한국 이운 봉행위원회를 구성했다.

- 대한불교조계종 총무원장 자승스님의 관심과 배려로 도선사 주지 선묵혜자 스님이 중심이 되어 평화의 불이 한국에 원만히 이운할 수 있도록 도움을 주었으면 한다는 협조공문을 네팔과 중국 정부와 불교협회에 발송했다.

- 평화의 불 이운 봉행위원회의 10여 차례의 회의를 거쳐 평화의 불이 여법하게 이운 될 수 있도록 다방면에 걸쳐 의견을 수렴하고 방법을 모색했다.

- 평화의 불 이운 전 과정을 한국방송공사(KBS) 다큐멘터리 제작팀이 동행 취재 및 제작하여 전국적으로 방송키로 MOU를 맺었다.

- 108산사순례기도회의 제79차 월악산 덕주사 순례 때 평화의 불 원 만이운 기원법회를 봉행하고 발원문을 낭독하는데 일심광명 무지개가 수놓

왔다.

- '평화를 불'을 모셔 오기 위해 네팔 수도 카트만두로 108명의 이운단이 향했다. 선묵혜자 스님을 비롯한 평화의 불 채화 및 이운 순례단은 네팔에서는 국가적인 환영행사를 받고 룸비니로 향했다.

- 네팔 룸비니 동산에서 전야제 행사를 여법히 봉행하고 평화의 불을 채화하여 나랑카를 비롯 주요 도시에서 수만 명이 참가한 가운데 축하를 받으며 카트만두에 도착했다.

- 네팔 카트만두 대통령궁에서 람바란 야다브 대통령 및 주요 정부요인, 한국 불교도, 네팔 불교도 등 주요 10개국 대사와 네팔 국민 참석한 가운데 평화의 불 이운 및 봉송행사를 봉행하고 전달식을 거행했다. 당시 이를 네팔 언론에서 생중계했다.

- 네팔의 수도 카트만두 시내에서 평화의 불 이운 봉송 축하행사를 국민들과 함께 진행했다.

- 네팔을 출발한 평화의 불은 티베트 라싸로 향했다. 한반도까지 무려 2만 km 대장정에 오른것이다. 1,300여 년 전 구법승(求法僧)이 걸었던 길을 따라 히말라야를 넘었다.

- 히말라야를 넘어 중국령 티베트 지역으로 향했다. 인구 10만 명의 티베트 제2의 도시 시가체에서 타쉬룬포 사원을 참배했다. 고산병이 평화의 불 이운 길에 어려움이 있을 것으로 예상 됐다.

- 두 번째 발걸음은 티베트 제3의 도시 장체로 향했다. 장체에선 해발 4,441m

의 티베트 3대 호수인 얌드록쵸에서 대자연의 경외심을 가졌다.

- 히말라야 산맥의 3,650m 고지에 자리하고 있는 티베트의 수도 라싸에 도착했다. 라사에서 포탈라 궁과 세라사원, 조강사원을 참배하며 티베트의 평화를 기원했다.

- 티베트 라싸에서 거얼무까지는 청장열차로 이동했다. 손난로에 모셔진 평화의 불을 남몰래 숨겨 이운했다.

- 세계의 지붕 파미르 고원을 향했다. 곳곳에 널려 있는 산사태의 흔적과 천 길 낭떠러지와 먼 설산이 함께하는 카라코람 하이웨이를 지나 파키스탄과 중국을 잇는 길을 따라 평화의 불이 이동했다.

- 평화와 갈등이 공존하는 쿤자랍 고개(Khunjerab Pass)에 평화의 불이 도착했다. 중국에서는 홍치라포라고 불리는 이곳은 파키스탄과 중국을 이어주는 북쪽 국경으로 해발 4,693m로 세계에서 가장 높은 국경이다.

- 신장 위구르 자치구 서쪽지역 카슈가르에 평화의 불이 도착했다. 이곳 역시 위구르인들의 분리 독립요구가 거센 곳이다. 지난 2009년 이후 대규모 시위와 유혈충돌이 끊이지 않는 분쟁 지역이다. 거리 곳곳에는 무장 군인들이 삼엄한 경계를 펼치고 있었다.

- 카슈가르에서 전통양식을 그대로 보존하고 있는 이슬람 사원 청진사를 방문했다.

- 카슈가르에서 평화의 불이 꼭 필요한 옥(玉)의 고장 호탄으로 향했다. 호탄도 카슈가르 못지않게 경계가 심했다. 호탄을 출발에 죽음의 사막으로

들어섰다.

- 실크로드의 낙타 대상들이 목숨을 걸고 지나다녔던 타클라마칸 사막을 넘었다. 죽은 사람과 동물의 뼈를 따라 길잡이를 해야 하는 죽음의 사막에서 구법을 위해 목숨을 던졌던 구법승의 신심에 감탄했다. 1,300여 년 전, 신라 구법승 혜초 스님 역시 목숨을 걸고 지났던 길이다.

- 키질 석굴이 있는 중국 쿠차를 방문했다. 미모타그산 절벽 1킬로미터에 걸쳐 조성된 키질 석굴로 유명한 이곳은 신라의 혜초 스님이 지나면서 기록을 남긴 곳이기도 하다. 이곳에서 구마라습의 자취를 느낄 수 있었다.

- 자연의 신비를 간직한 천산신비대협곡을 지나며 구법승들의 어려움과 자연의 경이로움에 다시 한 번 인간의 나약함을 생각했다.

- 타클라마칸 최북단에 자리 잡은 오아시스 도시 투루판을 거쳤다. 죽음의 사막도시가 생명의 도시로 변한 모습을 보며 인간의 위대함에 감탄했다.

- 소설 〈서유기〉에도 등장하는 화염산을 지났다. 소설의 주인공이 된 현장 스님은 실제로 7세기경 이곳을 지나 인도로 갔었다.

- 옛 투루판의 중심지 고창고성(高昌古城)에 당도했다. 이곳에서 성(盛)하고 흥(興)한 것들은 필히 쇠(衰)하고 망(亡)하기 마련임을 실감했다.

- 투루판 북서쪽으로 10km쯤 떨어져 있는 교하고성(交河故城)에 평화의 불이 도착했다. 기원전 2~14세기 사이에 존재하던 교하라는 나라의 수도였던 곳이다.

- 투루판의 명물 인공수로 '카레즈'를 보기 위해 어두운 지하수로에 평화

의 불이 동행했다.

- 신장 자치구 성도 우루무치(烏魯木齊)에 평화의 불이 도착했다. 이곳은 한족과 소수민족이 함께 생활하는 중국에서도 대표적인 다민족, 다문화 지역이다.

- 중국 실크로드의 핵심 하서주랑의 하이라이트 둔황에 도착하여 막고굴 석굴을 참배하고 명사산을 찾았나.

- 혜초 스님의 『왕오천축국전』 체취를 느끼고 난주에서 불자들의 열렬한 환영을 받으며 보은사에서 축하 법회와 평화의 불 분등을 했다. 이곳에서 스촨성 지진 희생자들의 극락왕생을 발원하고 피해자들에게 성금을 전달했다.

- 중국 천수에 있는 사찰 길상사를 방문했다. 이곳에도 평화의 불을 이운하고 평화의 불을 분등해 주었다.

- 중국 섬서성 서안에 도착하여 초당사, 천복사, 선유사 등 혜초 스님의 채취가 깃든 곳곳을 참배하고 대한불교조계종에서 세운 혜초 스님 기념비를 방문하여 제행무상(諸行無常)을 깨달았다.

- 서안 법문사에 도착하여 구법의 길을 따라온 평화의 불 환영 행사와 중국 법문사와 한국 도선사 형제 결연 8주년 기념법회를 봉행했다. 중국 스촨성 지진으로 인한 재난지역 사상자 천도 및 평화기원 법회도 가졌다.

- 낙양 용문석굴과 소림사를 방문하여 평화의 불 이운 의미와 호국불교에 대해 다시 한 번 생각하는 기회를 가졌다.

- 중국 청도항으로 이동했다. 평화의 불이 북녘땅으로 들어가 임진각에 닿기를 발원했는데 무위로 돌아갔다. 선박을 통해 인천항으로 평화의 불이 출발하였다.
- 청도항을 출발하여 17시간만에 평화의 불이 한국 인천항에 도착하였다.
- 인천항 도착 이후 기자회견을 갖고 임진각 평화누리 광장으로 향했다.
- 대한불교조계종 총무원장, 종회의장, 교육원장, 포교원장, 문도스님, 각 종교계 대표, 각국 대사 등 불자 1만 여 명이 참석한 가운데 '분단의 벽을 넘어 평화를 꿈꾸다'라는 주제로 임진각 평화누리 광장서 한반도 평화 정착 기원 법회를 봉행했다.
- 행사를 마치고 평화의 불을 들고 임진각 곳곳을 돌며 남북의 평화를 기원하였다.
- 한국 삼각산 도선사에서 3천여 명의 불자들이 참석한 가운데 평화의 불 봉안식 및 점화식을 봉행하였다.
- 경기도 연천 육군 제5사단 열쇠전망대를 방문하여 군 법당 통일각에 평화의 불을 봉안하고 남북의 평화와 평화의 불이 북한 지역에도 봉안되기를 발원했다.
- 한국방송공사(KBS)에서 '룸비니에서 DMZ까지 평화의 불을 수놓다'라는 다큐멘터리를 전국으로 1시간 가량 방영했다.
- 불보종찰 영축총림 통도사에서 평화의 불을 모시고 평화 기원 100일 기도를 봉행했다.

- 한국전쟁 정전 60주년을 맞아 '6·25 전몰장병 합동 위령제'가 화천군의 평화의 댐에서 대한불교조계종 총무원장 자승스님, 최문순 강원도지 세계 각국 대사들이 참석한 가운데 개최되었다.
- 대한불교조계종 진제 종정 예하의 주석처인 부산 해운정사에 평화의 불을 봉안했다.
- 임신왜란 800의승 전도재를 봉행하고 800의승 명예 회복과 의총건립 불사로 스님들의 넋을 위로했다.
- 평화의 불을 모시고 부산 UN 평화공원에, 아시아드 경기장에서 정전 60주년 기념 평화기원 대법회를 봉행했다.
- 충주 중앙탑 탄금호에서 2013 충주 세계조정선수권대회 성공기원 법회를 봉행했다.
- 국태민안 및 평화기원 특별 108일 기도를 삼각산 도선사에서 시작했다.
- 강원 고성 금강산 화암사에 평화의 불을 봉안하고 평화통일을 기원했다.
- 종립 동국대학교에 평화의 불을 봉안하고 학교발전 기금을 기부했다.
- 전남 무안회산 백련지에서 열린 연꽃 축제에 참석하여 평화의 불을 모시고 평화기원 법회를 개최했다.
- 평화의 불을 밝히고 행사를 봉행하고자 하는 사찰과 신행단체의 요구가 이어져 삼각산 도선사를 시작으로 108산사 순례길 60여 곳에 평화의 불을 분등 봉안했다.
- 중국 문수성지 오대산 벽산사를 찾아 성지순례를 하고 일심기도로 평화

의 불 봉안했다.

- KBS 프로그램 '아침마당'에 출연하여 108산사순례기도회와 평화의 불에 대해 설명했다.
- 미얀마 최대 사원 쉐다곤 사원 및 야자주 사원에 평화의 불을 봉안했다.

부록

평화의 불
봉안처
둘러보기

● 서울

삼각산 도선사 _ 2013년 5월 10일

청담대종사 중창사찰로 수도 서울의 기도도량으로 널리 알려져 있다. 신라 경문왕 2년(862)에 도선국사가 전국의 명산승지를 두루 답사하다 삼각산의 수승한 정기를 살피고 후세에 부처님 법이 융성할 도량이 될 것이라 예견하고 도선사를 창건하였다. 청담대종사께서 중창하고 불교의 근본정신을 되살리고 일제 잔재를 청산하기 위해 결사와 정화운동을 주도한 사찰이다. 오늘날 한국불교와 대한불교조계종의 모습이 있게 한 중심 사찰이다.

108산사 학술세미나 개최 _ 2013년 9월 15일

108산사순례기도회는 한국불교역사문화기념관에서 '108산사순례기도회 활동의 의미와 성과와 과제' 등을 돌아보는 학술세미나를 개최했다. 학술세미나에서 선묵혜자 스님의 기조발표를 시작으로 · 순례의 변화와 발전(정성욱시인) · 기도와 형태 분석(박규리 동국대 강사) · 사회구제 활동(윤원철 서울대 교수) · 불교사상(이덕진 창원문성대 교수) · 의미와 성과(고영섭 동국대 교수) · 신행과 형태(김선근 동국대 명예교수) 등 논문을 발표했다. 학술세미나 총평은 동국대 이사이신 법산 스님이 맡았다.

삼각산 조계사 _ 2014년 12월 21일

대한불교조계종의 직할교구의 본사이자 총본산으로 총무원 · 중앙종회 · 교육원 · 포교원 등이 있는 한국 불교의 중심지이다. 조선 태조 4년(1395) 창건된 사찰로 1910년 승려 한용운 · 이회광 등이 각황사라 불렀던 유래가 있다. 일제강점기에는 태고사로 불리다가 1954년 불교정화 이후 조계사로 개칭하였다. 조계사는 대웅전의 규모가 웅장할 뿐 아니라 문살의 조각이 아름다운 특이한 것으로 유명하다. 천연기념물 제9호인 서울 수송동의 백송이 있다.

종립 동국대학교 _ 2014년 4월 24일

일제 침탈로 민족의 장래가 어둡던 1906년 불교계 선각자들이 교육입국의 보국정신으로 설립했다. 명진학교를 시작으로 고등불교강숙, 중앙학림, 중앙불교전문학교, 혜화전문학교로 발전을 거듭하였다. 1946년에 동국대학교로 교명을 변경하고 1953년 종합대학으로 승격하였다. 자비와 지혜의 가르침 아래 종교, 정치, 경제, 사회, 교육, 문화 등 여러 분야에 인재를 배출한 한국불교 조계종립대학이다.

삼각산 화계사 _ 2015년 1월 24일

도심과 가깝고 주택가와 인접해 있으면서도 숲과 계곡이 아주 좋은 곳이다. 자연이 주는 편안함과 고즈넉한 산사의 정취를 느낄 수 있는 수도 서울의 대표적인 사찰이다. 화계사는 숭산 행원 대종사의 원력과 법맥이 살아 숨 쉬는 곳이다. 전 세계 120여개 선원과 한국 불교를 배우고자 하는 외국 수행자들이 화계사 국제선원에 모여 함께 수행정진 하고 있는 참선수행과 국제포교의 중심사찰이기도 하다

관악산 연주암 _ 2015년 4월 9일

의상대사가 수행하던 수도 서울의 으뜸 기도도량이다. 조선 태조 1년(1392)에는 이성계가 의상대를 중건하고 그의 처남인 강득룡이 연주대라고 불렀다. 1396년에는 연주암을 신축하였고, 태종 11년(1411)에는 효령대군이 이건하여 중건하였다. 충녕대군에게 왕위를 물려주려는 태종의 뜻을 안 양녕대군과 효령대군은 유랑 길에 이곳에 머물게 되었다. 그 뒤 두 왕자의 심경을 기리면서 세인들이 이곳을 연주암이라고 부르게 되었다.

수락산 도안사 _ 2015년 10월 20일

108평화보궁으로 108산사순례기도회의 원찰이다. 108산사순례기도회 회주이신 선묵혜자 스님의 원력으로 중창된 대한불교조계종 직할교구 사찰이다. 당고개역에서 수락산 동막골 지나면 울창한 숲에서 새소리 청아하고 이마에 땀이 송골송골 맺힐 정도의 중턱에 아늑하게 자리 잡은 아담한 산사다. 화려하진 않지만 자연과 잘 조화된 경내의 풍경은 도안사에는 전국 108산사에서 담아온 성토와 벽비(壁碑)를 조성해 모신 108평화보궁이 있다.

● 강원도

영월 태백산 보덕사 _ 2013년 5월 23일

조선 제6대 임금 단종의 슬픈 이야기가 서린 사찰이다. 대한불교조계종 제4교구 본사인 월정사의 말사이다. 신라 신문왕 6년(686)에 의상대사이 창건하고 지덕사라 하였다. 조선 세조 3년(1475) 단종이 노산군으로 강봉되어 이곳 영월로 유배되어 와 사찰명을 노릉사라 개칭하였다. 영조 때 장릉수호조포사라는 은전이 베풀어지면서 보덕사가 되었다. 화장실이 유명하며 6 · 25전쟁 때 대부분이 소실된 것을 그 후 거의 원형대로 복원하였다.

춘천 오봉산 청평사 _ 2013년 7월 11일

청평사는 오봉산 자락에 안겨 있는 사찰로 고려 광종 24년(973)에 영현 선사가 처음 창건했다. 이후 폐사되었던 절이 다시 세워진 것은 선종 6년(1089) 때로 이자현이 관직을 버리고 이곳에 들어와 문수원이라 이름 짓고 선(禪)을 수행하면서 부터다. 이때부터 주변 호랑이와 이리가 사라져 평화롭게 되었다하여 청평사라 불렀다. 보물 제164호인 회전문을 지나면 계곡물을 끌어와 연못을 만들어 오봉산이 비치게 한 고려정원이 경내에 남아 있다.

화천 6·25전몰장병 합동 위령제 _ 2013년 7월 15일

화천 평화의 댐에서 남북갈등 해소를 기원하는 의미의 평화의 불을 밝혔다. 한국전쟁 당시 사망한 8개국 10만 여명 젊은이들의 넋을 기리기 위해 강원 화천군 평화의 댐 일원에서 세계평화합동위령제가 개최됐다. 이날 행사장에 온 평화의 불은 세계 평화를 상징하는 불이다. 이 불은 지난 3000년간 꺼지지 않은 것으로 알려져 있으며, 남북갈등 해소와 한반도 평화 정착을 기원하기 위해 석가모니 탄생지인 네팔 룸비니 동산에서 채화됐다.

고성 금강산 건봉사 _ 2013년 10월 17일

염불만일결사의 효시가 된 사찰로 DMZ에 있는 적멸보궁이다. 신라 법흥왕 7년(520)에 아도화상이 창건하고 원각사라 하였으며, 758년에 발징화상이 중건했다. 정신·양순 스님등과 염불만일회를 베풀었는데, 우리나라 염불만일회의 효시가 되었다. 여기에 신도 1,820인이 참여하여 봉양하였다. 787년에 염불만일회에 참여했던 31인이 아미타불의 가피를 입어서 극락에 왕생하였다. 그 뒤 참여했던 모든 사람들이 차례로 왕생극락했다고 한다.

고성 금강산 화암사 _ 2013년 10월 19일

금강산 1만 2천봉 최남단에 자리한 사찰로 알려져 있다. 원래 건봉사에 소속되었으나 지금은 신흥사의 말사이다. 절 주변 곳곳에 금강산 제1봉인 신선봉에서 발원한 신선계곡의 맑은 물이 소와 폭포를 이루고, 우거진 숲과 기암괴석이 절경을 이룬다. 절 앞에서 50m 정도 올라가면 암벽을 타고 흘러내리는 화암폭포가 있으며 수바위·울산바위 등의 경관이 뛰어나다. 미륵부처님의 무량한 가피와 복덕이 항상하는 미륵성지이다.

평창 오대산 상원사 _ 2014년 5월 22일

진신사리를 모신 적멸보궁으로 상원사 종이 유명하다. 월정사에서 산속
으로 더 깊숙이 올라 비로봉 동남 기슭에 자리 잡고 있다. 국내에서 유일
하게 문수보살상을 모시고 있는 문수신앙의 중심지이다. 조선의 7대 임
금인 세조가 이곳에서 기도하던 중 문수보살을 만나 불치의 병을 고쳤다
는 이야기는 매우 유명하다. 1951년 입적한 한암 스님이 30여 년 동안
이곳에서 지냈다. 한암 스님이 한국전쟁 때 병화로부터 상원사를 지켜낸
일화 또한 매우 유명하다.

태백 태백산 정암사 _ 2014년 8월 16일

자장율사가 선덕여왕 5년(636)에 당나라에 들어가 문수보살 상주처인 산
시성 운제사에서 21일 동안 기도를 하여 문수보살을 친견했다. 석가모니
부처님의 신보인 정골사리와 가사 · 염주를 얻어 귀국하였다. 전국 각지 5
곳에 이를 나누어 모셨는데, 그중 한 곳이 이 절이었다. 신보는 보물 제410
호인 수마노탑에 봉안되어 있다고 하여 법당에는 따로 불상을 모시지 않고
있다. 이 사찰에는 천연기념물 제73호인 정암사의 열목어서식지도 있다.

인제 설악산 백담사 _ 2014년 11월 1일

설악산 자락에 묻혀 있는 듯한 백담사는 전직 대통령이 세상을 피해 머무
르며 명소가 된 듯하다. 설악산의 최고봉인 대청봉에서 시작되는 물길을
따라 100번의 웅덩이를 지나면 나타나는 자리에 사찰이 지어졌다. 일제
침략기 불교계를 대표하는 사상가이자 시인이고 독립운동가인 만해 스님
의 『님의 침묵』을 쓴 곳이다. 불교유신론을 제창하여 근본을 잃어가던 불
교를 민족불교로 발전시킨 만해 스님의 사상이 백담사에서 시작되었다.

인제 설악산 봉정암 _ 2015년 6월 9일

강원도 인제군 북면 용대리 설악산 소청봉 서북쪽에 있는 사찰로 백담사
의 부속 암자다. 양산 통도사, 영월 법흥사, 정선 정암사, 오대산 상원사
와 함께 우리나라의 대표적인 5대 적멸보궁 중의 한 곳으로 불교 신도들
에게는 최고의 순례지다. 이 절은 우리나라 사찰 가운데 가장 높은 곳에
있다. 평생 3번은 순례해야 업장이 소멸되고 소원이 성취 된다고 한다.
정골 뇌사리탑에서는 가끔 방광을 하기도 한다. 봉정암에 가는 절경은
그 자체로 기도가 된다.

원주 치악산 구룡사 _ 2016년 2월 27일

아홉 마리 용의 전설을 간직하고 있는 구룡사는 신라 문무왕 6년(666)에 의상대사가 창건한 사찰이다. 대웅전 자리에 9마리의 용이 살고 있는 연못을 메우고 사찰을 창건하여 구룡사라 하였다. 조선 중기에 거북바위 설화와 관련하여 현재의 명칭으로 개칭하였다고 전해진다. 절 입구에는 전설을 말해주는 거북바위와 폭포아래에 용소가 있다. 또한 조선시대에 만든 황장금표가 있는데 이것은 치악산 일대의 송림에 대한 무단벌채를 금하는 표식이다.

강릉 괘방산 등명낙가사 _ 2016년 9월 9일

수도 서울의 정동에 위치한 기도처이다. 강릉 지역은 북쪽의 고구려와 동쪽의 왜구가 자주 침범하던 곳이었다. 자장율사는 부처님의 힘으로 이를 막기 위하여 부처님의 사리를 석탑 3기에 모시고 이 절을 세웠다고 한다. 창건 당시에는 수다사라 하였다. 석탑 3기 중 1기는 현존하는 오층석탑이고 1기는 1950년 6·25전쟁 때 없어졌으며 나머지 1기는 절 앞바다 속에 수중탑으로 세워졌다고 한다. 약수와 옥으로 조성한 5백 나한이 유명하다.

● 경기도

연천 육군 제5사단 통일각 법당 _ 2013년 6월 25일

108산사순례기도회가 한국전쟁 63주년 기념일을 맞아 최전방 철책선에서 남북의 평화와 6·25 전몰장병의 극락왕생을 기원했다. 108산사순례기도회 회주 선묵혜자 스님과 회원 108명은 6월 25일 네팔 룸비니에서 채화해 구법의 길을 따라 온 평화의 불을 모시고 경기도 연천 육군 제5사단 열쇠전망대에서 남북간 평화와 평화의 불이 북한 사찰에 봉안되기를 발원했다. 열쇠전망대는 백마고지가 인접한 최전방으로 한국전쟁 당시 최대의 격전지 중 한 곳이다.

가평 운악산 현등사 _ 2014년 4월 24일

신라 법흥왕 때에 인도의 승려 마라하미를 위하여 창건하였다고 한다. 신라 말기에 도선국사가 중창하고 다시 고려 지눌선사가 재건하여 현등사라 이름 하였다. 도요토미 히데요시의 금병풍이 있었는데 6·25전쟁 중에 분실되었다. 지눌선사가 폐허화 된 사찰을 발견했을 때 전각은 비록 황폐했지만 석등의 불빛만은 여전히 밝게 비치고 있었다. 그래서 현등이라 이름 붙였다고 한다. 경기북부의 대표적 사찰이다.

남양주 천보산 불암사 _ 2014년 10월18일

서울근교 4대 명찰로 왕실의 원찰로 지정된 도량이다. 불암산은 6·25 때 육사생도가 유격대를 조직하여 4차례에 걸쳐 서울수복 전까지 유격전을 펼치다 산화했다고 한다. 신라시대 때부터 세워진 천년고찰로 지증국사가 창건을 하고 조선 세조 때에는 서울인 한양을 중심으로 사방 원찰을 정했는데 그중에 동불암이었다고 한다. 서울을 중심으로 사방 동서남북에 호국안민 기도도량으로 네 곳의 사찰을 지정했다. 동불암, 서진관, 남삼막, 북승가이다.

강화 정족산 전등사 _ 2015년 8월 15일

『조선왕조실록』을 보관하던 강화도 정족산성에 있는 사찰이다. 고구려 소수림왕 11년(381)에 아도화상이 창건하여 진종사라 하였다. 전등사라는 이름은 고려 충렬왕의 비 정화궁주가 이 절에 옥등을 시주한 데서 비롯되었다. 이때 정화궁주는 인기 스님에게 대장경을 간행하여 이 절에 봉안하도록 하였다. 몽고의 침략, 임진왜란 신미·병인양요 등 전란을 겪은 호국도량이다. 이 절에는 보물 제178호인 전등사 대웅전, 보물 제179호인 전등사 약사전, 보물 제393호인 전등사 범종이 있다.

● 경상남도

울산 가지산 석남사 _ 2013년 8월 24일

신라 헌덕왕 16년(824) 도의국사가 호국기도를 위해 창건한 절이다. 6·25전쟁으로 폐허가 되었다가 1959년에 복원되어 오늘에 이르고 있는데 이때부터 비구니 스님들의 수련도량으로 그 면모를 갖추었다. 국내외 가장 큰 규모의 비구니 종립특별선원으로 알려져 있다. 가지산의 정기를 받은 그늘과 시원한 계곡으로 이루어져 있는 아주 멋진 곳이다. 4계절 내내 계곡으로 맑은 물이 흐르기 때문에 공기가 좋은 힐링을 할 수가 있다.

부산 장수산 해운정사 _ 2013년 8월 24일

대한불교조계종 진제 종정예하께서 주석하는 사찰이다. 모든 인류와 일체 중생을 제도하고 임제선사의 법맥을 이을 법제자를 양성하기 위해 인연터를 찾아 전국의 산천을 두루 돌아다니다가 마침내 해운대 장수산에 이르렀다. 진제선사는 태백산맥이 굽이쳐 내려와 장중한 기운이 맺힌 것을 보고는 산의 모습이 장려하고 진중하여 수행자들의 최상의 공부터임을 간파하고 이곳에 1971년에 터를 잡아 창건하게 되었다.

부산 한반도 평화 대회 _ 2013년 9월 27일

한국전쟁 정전 60주년을 맞아 남과 북의 화해와 공존을 향한 불교계의 뜨거운 염원을 담았다. 부산에 있는 UN묘지를 참배한 1000여 명의 스님들이 장엄하고 청아한 스님들의 염불소리가 울려 퍼졌다. 이어 선묵혜자 스님이 부처님이 탄생한 네팔 룸비니에서 이운한 평화의 불을 밝히는 것으로 본격적인 무대의 막이 올랐다. 평화의 불은 부처님 탄생지인 네팔 룸비니에서 채화한 것으로, 티베트와 중국을 순례하며 한반도 평화의 기원하며 이운되었다.

밀양 제약산 표충사 _ 2014년 1월 9일

임진왜란 때 공을 세운 사명대사의 중혼을 기리기 위하여 국가에서 명명한 절이다. 신라 무열왕 1년(654) 원효대사가 창건하여 죽림사라 하였다. 신라 진성여왕 때에는 보우국사가 한국 제일의 선 수행 사찰로 이끌었다. 고려 충렬왕 12년(1286)에는 일연선사가 1,000여 명의 승려를 모아 불법을 일으키기도 하였다. 사명대사를 기리는 사당인 표충사가 이 절로 옮겨지면서 절 이름도 표충사라 고치게 되었다. 사명대사의 유물 300여 점이 보존되어 있다.

양산 천성산 내원사 _ 2014년 7월24일

내원사는 수려한 산수와 아름다운 계곡으로 제2의 금강산이라 일컬어지는 천성산 기슭에 위치하고 있다. 신라 선덕여왕 때 원효대사가 창건한 절이다. 1898년 석담선사가 수선사를 창설하여 절 이름을 내원사로 개칭하고 동국제일선원이라 명명한 후 선찰로써 이름을 떨치기 시작했다. 혜월, 운봉, 향곡선사 등 한국 선맥을 잇는 명안종사를 배출한 도량이다. 비구니 수옥스님의 원력으로 10년 만에 독립된 비구니 선원으로써 새롭게 중창되었다.

포항 내연산 보경사 _ 2014년 8월 21일

진나라에서 유학하고 돌아온 신라 지명법사가 창건했다. 지명법사는 동해안 명산에서 명당을 찾아 자신이 진나라의 도인에게 받은 팔명보경을 묻고 그 위에 불당을 세우면 왜구의 침입을 막고, 삼국을 통일할 것이라고 하였다. 이에 진평왕이 지명법사와 함께 내연산 아래에 있는 큰 못에 팔면보경을 묻고 못을 메워 금당을 건립하고 보경사라고 했다. 보경사 원진국사비와 보경사부도가 있으며 조선 숙종의 친필 각판 및 5층 석탑 등이 있다.

진주 월아산 청곡사 _ 2014년 12월 11일

신라 헌강왕 5년(872) 도선국사가 창건하였다. 도선국사가 남강 변에서 학이 이곳으로 날아와 앉으니 성스러운 기운이 충만한 산과 계곡이 있었다. 이곳을 살펴보니 천하에 명당이라 이곳에 절터를 잡았다고 한다. 이곳에는 학이 찾아와 먹이를 먹는 계곡에 징검다리가 있어 이곳에서 학을 날려 보냈다하여 방학교가 있고, 학이 목욕을 했다하여 학영지가 있다. 석가모니불을 중심으로 묘사한 보물 제302호로 지정된 괘불은 매우 섬세하고 채색이 좋은 작품이다.

남해 금산 보리암 _ 2015년 3월 12일

우리나라 3대 관음기도도량으로 알려진 사찰이다. 신라 때 원효대사가 이곳에 초당을 짓고 수도하는 중 관세음보살을 친견한 뒤 산 이름을 보광산, 암자의 이름을 보광사라 하였다. 조선 이성계가 이곳에서 백일기도를 하고 조선왕조를 연 것에 감사하는 뜻에서 현종이 왕실의 원당으로 삼고 산 이름을 금산, 절 이름을 보리암으로 바꾸었다. 전국의 3대 기도처의 하나이며 양양 낙산사 홍련암, 강화군 보문사와 함께한국 3대 관세음보살 성지로 꼽힌다.

포항 운제산 오어사 _ 2015년 7월 23일

신라 진평왕 때 창건하여 항사사라 하였다. 그 뒤 신라 고승 원효 · 혜공대사는 이곳의 계곡에서 고기를 잡아먹고 방변을 하였더니 고기 두 마리가 나와서 한 마리는 물을 거슬러올 라가고 한 마리는 아래로 내려갔다. 올라가는 고기를 보고 서로 자기 고기라고 하였다는 설화에 의하여 오어사라 하였다는 전설이 있다. 자장암, 혜공암, 원효암, 의상암 등의 수행처가 있었던 것으로 보아 자장 · 혜공 · 원효 · 의상의 네 대사가 이 절과 큰 인연이 있었음을 알 수 있다.

양산 영축산 통도사 _ 2016년 2월 18일

불보종찰로 적멸보궁이 있는 동국제일가람이다. 한국 3대 사찰의 하나로 부처님의 진신사리가 있어 불보사찰이라고 한다. 사찰의 기록에 따르면 통도사라 한 것은 이 절이 위치한 산의 모습이 부처가 설법하던 인도 영취산의 모습과 통하므로 통도사라 이름 했다. 또한 승려가 되고자 하는 사람은 모두 이 계단을 통과해야 한다는 의미에서 통도라 했으며, 모든 진리를 회통하여 일체중생을 제도한다는 의미에서 통도라 이름 지었다고 한다.

합천 가야산 해인사 _ 2016년 4월 8일

부처님의 가르침인 법을 담고 있는 법보종찰이다. 불보종찰 통도사, 승보종찰 송광사와 함께 우리나라의 3대 종찰로 꼽히는 곳이다. 고려 때 만들어진 우리의 소중한 문화재인 팔만대장경을 봉안하고 있다. 신라 때 지어진 절로 의상대사의 맥을 잇는 제자인 순응과 이정 스님에 의하여 창건된 화엄종 사찰이다. 해인사가 법보종찰로 역할을 하게 된 것은 강화도에 보관하던 대장경을 해인사로 옮기면서부터다.

● 경상북도

청송 주왕산 대전사 _ 2013년 11월 21일

신라 문무왕 12년(672) 의상대사가 창건하였다. 원래 이 절에서는 부처님께 올리는 청수를 매일 냇가에서 길어다가 올리고는 하였다. 이를 귀찮아한 승려들은 조선 중기 앞뜰에 우물을 파서 그 물을 길어 청수로 사용한 뒤 화재가 나서 절이 불타버렸다. 이 절의 지세가 배가 바다에 떠서 항해하는 부선형 혈인데, 여기에 우물을 파니 배 바닥에 구멍이 뚫어진 격이 되었기에 불이 나서 절이 타게 되었다면서 우물을 메우게 하였다고 한다.

경주 구황동 분황사 _ 2014년 3월 20일

황룡사와 이웃을 같이 하고 있는 분황사는 선덕여왕 3년(634)에 건립되었다. 우리 민족이 낳은 위대한 고승 원효대사와 자장율사가 거쳐 간 절이다. 북쪽 벽에 있었던 천수대비 그림은 영험이 있기로 유명했다. 경덕왕 때 희명의 다섯 살 난 아이가 갑자기 눈이 멀자 아이를 안고 천수대비 앞에 가서 도천수대비가를 가르쳐주고 노래를 부르면서 빌게 하였더니 눈을 뜨게 되었다는 이야기가 전해진다. 솔거가 그린 관음보살상 벽화가 있었다고 한다.

구미 태조산 도리사 _ 2015년 4월 18일

신라불교의 초천 법륜지로 적멸보궁이 있는 사찰이다. 중국에서 불도를 닦고 귀국한 고구려의 아도화상이 눌지왕 때 신라에 와서 그때까지 불교가 없었던 신라에서 포교하기를 요청하였다. 처음에는 많은 미움도 샀으나 후에 소지왕의 신임을 얻어 불교를 일으키게 되었다. 이 무렵 왕궁에서 돌아오던 아도화상이 이곳 산 밑에 이르자 때가 한창 겨울인데도, 산 허리에 복숭아꽃 ·배꽃이 만발한 것을 보았다. 절을 짓고 도리사라고 이름 지었다는 전설이 있다.

의성 등운산 고운사 _ 2016년 1월 23일

제16교구본사로 고운 최치원의 얼이 깃든 지장도량이다. 신라 신문왕 1년(681) 의상대사가 창건하여 이름을 고운사라고 하였다. 그 후 최치원이 여지·여사 두 스님과 함께 가허루와 우화루를 지었다. 도선국사가 약사여래불과 석탑을 건립하였다. 임진왜란 때는 사명대사가 승군의 전방기지로 식량을 비축하고 부상한 승병의 뒷바라지를 하였다. 석학으로 이름난 함흥선이 이곳에서 후학을 지도할 때는 무려 500명의 대중스님이 수행한 도량으로 유명하였다.

안동 아기산 봉황사 _ 2016년 7월 8일

신라 선덕여왕 13년(644) 창건되었으나 조선 전기까지의 연혁은 알려지지 않는다. 임진왜란 때 불에 탄 뒤 대웅전만 중건하였다. 중건되면서 황산사로 불리게 되었고 2006년 보수공사를 마치면서 다시 본래의 이름을 되찾았다. 어느 화공이 대웅전 단청을 하면서 사람들에게 불사가 끝날 때까지 안을 들여다보지 말라고 부탁하였다. 그러나 대웅전의 앞면을 끝내고 뒷면을 칠하려 할 때 사람들이 그만 들여다보고 말았다. 그러자 화공은 봉황으로 변하여 날아갔다.

문경 운달산 김용사 _ 2016년 7월 30일

신라 진평왕 10년(588) 운달조사가 개선하여 사명을 운봉사라 하였다. 김룡사의 사명은 김씨 성을 가진 사람이 죄를 지어 이곳 운봉사에 피신하여 지극한 정성으로 참회하더니 한 아들을 낳아 이름을 용이라 하였다. 그 이후부터 가운이 크게 부유해져 사람들은 그를 김장자라 하였다. 이로 인하여 동리 이름 또한 김룡리라 하였으며 김룡사로 개칭하였다. 경흥강원 건물은 국내 최대 강원건물의 하나로 300명을 동시에 수용 할 수 있는 온돌방이다.

경산 팔공산 선본사 _ 2014년 3월 29일

팔공산의 관봉 아래에 위치한 선본사는 신라 소지왕 13년(491)에 극달화상이 창건한 사찰로서 1614년에 수청대사가 중창하였다. 일심기도하면 한 가지 소원은 반드시 이루어진다는 관봉석조여래좌상(일명 갓바위 부처)이 더 잘 알려져 있다. 그래서 절 동쪽에 있는 갓바위 부처님에는 가파른 산세에도 불구하고 늘 참배객들의 줄이 끊이질 않는다. 갓바위 부처님은 약사여래부처님으로 모든 중생들로 하여금 구하는 바를 다 이루게 하여 주시는 분이다.

평화를 기원하는 사람들

울진 천축산 불영사 _ 2016년 10월 22일

천축산의 서쪽 기슭에 자리 잡은 신라의 옛 절이자 비구니 도량이다. 진덕여왕 5년(651)에 의상대사가 세웠는데, 연못에 부처님의 그림자가 비친다 하여 불영사라 했다. 산사로 들어서는 길은 산태극수태극으로 싸여 있으며, 절을 중심으로 펼쳐진 불영사 계곡은 명승 6호로 지정된 비경이다. 절 마당의 연못과 연못 옆의 채마밭도 소박한 정경을 이룬다.

봉화 문수산 축서사 _ 2016년 11월 18일

신라시대 의상대사가 창건한 사찰이다. 당시 인근 지림사(현재 수월암) 주지가 어느 날 밤 산쪽에서 서광이 일어나는 것을 보고 의상대사와 함께 산에 올라가 보니 비로자나불이 광채를 발산하고 있었다. 그리하여 의상대사는 이곳에 축서사를 짓고 이 불상을 모셨다고 한다. 산골 깊숙이 들어앉은 지세도 지세려니와 스님들의 수선도량이라 경내에 들어서면 몸가짐이 절로 조심스러워진다.

● 전라남도

무안 회산 백련지 _ 2013년 7월 27일

108산사순례기도회는 2013 무안 연꽃축제의 성공적 개최를 위해 평화의 불을 모시고 동참하여 적극적으로 지원했다. 무안군은 1997년부터 매년 7~8월경 군민화합과 지역경제 활성화를 위해 동양최대의 백련 군락지인 일로읍 회산백련지에서 연꽃축제를 개최하여 왔다. 그러나 지역축제로서 한계를 보임에 따라 연꽃이 불교를 상징한다는 점에 착안하여 연꽃축제를 전국 축제로 발전시키고자 평화의 불을 봉안하고 행사를 개최했다.

화순 천불산 운주사 _ 2014년 2월 20일

천불산 다탑봉 운주사는 천불 천탑으로 세간에 널리 알려져 있다. 우리나라의 여느 사찰에서는 발견 할 수 없는 특이한 형태의 불사를 한 불가사의한 신비를 간직하고 있다. 운주사 서쪽 산능선에는 거대한 두 분의 와불이 누워 있다. 사람들은 천 번째 와불님이 일어나시는 날 새로운 세상이 온다는 말을 전해왔다. 아마도 운주사 천불 천탑은 우주법계에 계시는 부처님이 불국정토의 이상세계가 열리기를 간절히 염원하는 마음으로 조성한 대불사가 아닐까 한다.

영광 불갑산 불갑사 _ 2015년 2월 5일

불갑산 기슭에 자리 잡은 불갑사는 백제 침류왕(384년) 때 인도스님 마라난타 존자가 백제에 불교를 전래하면서 제일 처음 지은 불도량이다. 절 이름을 부처 불, 첫째 갑, 불갑사라 하였다. 꽃무릇은 일명 산수화로 더 많이 알려져 있다. 불갑사 지역은 고창 선운사, 함평 용천사 등과 함께 전국 최대 규모의 군락지로 추석 무렵의 개화기에는 넓은 숲 바닥이 한창 피어난 꽃무릇으로 인해 온통 붉게 물든다. 법성포 굴비기 유명하다.

구례 지리산 화엄사 _ 2015년 3월 7일

민족의 영산 지리산 자락에 위치한 화엄사는 백제 성왕 22년(544)에 인도에서 온 연기조사에 의해 창건되었다. 자장율사와 도선국사에 의한 중건 과정을 거치며 번성하다 임진왜란 때 모두 소실되고 인조 14년(1636년)에 중건되었다. 『화엄경』의 화엄 두 글자를 따서 화엄사라 명명되었다. 목조건물로는 최대의 규모를 자랑하는 각황전을 비롯 4점의 국보와 4점의 보물을 비롯해 천연기념물 올벚나무까지 빛나는 문화유산을 간직한 천 년 고찰이다.

구례 지리산 연곡사 _ 2016년 3월 26일

신라 진흥왕 5년(544)년 화엄사의 종주 연기조사가 창건하여 임진왜란 때 병화로 인하여 불탄 것을 중건하였다. 경내에 국보 제53호인 연곡사 동부도, 국보 제54호인 연곡사 북부도를 비롯하여 보물 제연곡사는 밤나무로 만드는 왕실의 신주목을 봉납하는 곳으로 선정되었다. 151호인 연곡사 삼층석탑, 보물 제152호인 연곡사 현각선사탑비 등 문화재가 즐비하다. 이곳은 조선 말기 수백 명의 의병이 왜군과 싸운 곳으로 당시 순절한 의병장 고광순의 순절비가 동백나무 숲 아래에 있다.

순천 조계산 송광사 _ 2016년 6월 10일

승보종찰 조계총림 송광사는 신라말 혜린선사가 창건한 이래 보조국사 지눌선사를 비롯 16 국사가 나왔고 대대로 많은 선지식을 배출한 역사 깊은 전통 도량이다. 법보종찰 해인사, 불보종찰 통도사와 더불어 한국의 삼보사찰 가운데 승보종찰로 꼽히고 있다. 송광사의 선원 율원 강원에는 지금도 국내외에서 많은 스님이 모여 수행에 전념하고 있으며, 재가불자를 위한 여름수련법회와 더불어 인터넷 포교를 통해 부처님의 가르침을 널리 전하고 있다.

평화를 기원하는 사람들

장흥 가지산 보림사 _ 2016년 10월 7일

가지산 남쪽 기슭에 있는 보림사는 원표대덕이 세운 암자였다. 신라 헌
안왕의 권유로 체징선사가 창건한 거찰로 신라 구산선문 중 최초로 가지
산파를 열었다. 880년 체징이 입적할 때에 무려 800여 명의 제자들이
여기에 머물렀다고 한다. 선종의 도입과 동시에 맨 먼저 선종이 정착된
곳이다. 가지산파의 근본도량이었으며, 인도 가지산의 보림사, 중국 가
지산의 보림사와 함께 3보림이라 일컬어진다. 보림사는 한국의 명수로
지정한 늘 일정한 수량을 유지하는 약수가 있다. 우리나라에서 열 손가
락 안에 드는 좋은 물이라고 한다.

● 전라북도

정읍 내장산 내장사 _ 2013년 8월 15일

단풍이 아름다운 내장산 국립공원의 품안에 안겨 있는 내장사는 백제 무
왕 37년(636)에 영은 조사가 창건했다. 한때는 50여동의 대가람이 들어
섰던 때도 있었다. 정유재란과 6.25때 모두 소실되고 지금의 절은 대부
분 그 후에 중건된 것이다. 금산사와 함께 전라북도의 대표적인 사찰이
다. 내장산 산봉우리들이 병풍처럼 둘러싼 가운데에 자리 잡아 주변경치
가 매우 아름다우며, 특히 가을철 단풍이 들 무렵의 절 주변의 아름다움
은 이루 말할 수 없다.

진안 마이산 금당사 _ 2014년 6월 12일

신라 헌강왕 2년(876) 혜감대사가 창건하였다. 극락전에는 수천 년이
넘은 은행나무를 깎아서 만든 금당사 목불좌상과 가로 5m, 세로 9m 크
기의 괘불탱화가 있다. 이 괘불탱화는 단독의 관음보살입상이 그려져 있
으며 표현양식으로 보아 17세기 후반의 뛰어난 솜씨를 자랑하는 걸작이
다. 통도사의 관음보살 괘불탱화와 무량사의 미륵보살 괘불탱화 등과 함
께 걸작으로 손꼽힌다. 이 괘불을 걸고 기우제를 지내면 반드시 비가 온
다는 얘기가 전해온다.

무주 적상산 안국사 _ 2014년 10월 9일

적상산성에 유일하게 남아있는 고찰 안국사는 고려 충렬왕 3년(1277)에 월인화상이 지었다고 전한다. 광해군 6년(1614) 적상산성 내에 사각이 설치되고, 인조 19년(1641)에 선원각이 설치되어 적상산 사고로『조선왕조실록』과 왕의 족보인『선원록』이 봉안되었다. 이때 사고를 방비하기 위하여 호국사를 지었다. 안국사는 그 전부터 있던 절이었으나 호국사와 더불어 이 사각을 지키기 위한 승병들의 숙소로 사용되어 안국사라는 이름으로 불려졌다.

남원 지리산 실상사 _ 2014년 11월 6일

실상사는 구산선문 최초 가람으로서 한국 선풍의 발상지이다. 가람은 화려하지는 않지만 고색창연하다. 단일 사찰로는 가장 많은 수의 국보와 보물을 가진 곳이기도 하다. 출가 수행자의 교육기관인 실상사 화엄학림은 1994년 조계종의 교육개혁의 성과로 이루어진 조계종 최초의 전문교육기관이다. 또한 역시 교계 최초이자 유일한 실상사 귀농학교는 현대도시인들에게 새로운 삶의 철학을 심어주고 있다.

김제 모악산 금산사 _ 2015년 11월 28일

모악산 남쪽 자락에 자리 잡은 금산사는 호남 미륵신앙의 도량이다. 미륵신앙의 성지 금산사는 후백제의 견훤이 유폐되었던 절로 알려져 있다. 진표율사에 의해 중창되면서 절의 기틀이 갖추어졌다고 한다. 미륵신앙을 기반으로 절에는 석가모니불을 모신 대웅전이 없는 대신 미륵불을 모신 미륵전이 절의 중심이다. 미륵전 안으로 들어가 보면 밖에서 보는 것과는 달리 내부는 한 층으로 통해 있으며, 높이가 12m에 이르는 미륵입상이 서 있다.

완주 종남산 송광사 _ 2016년 9월 24일

종남산 아래에 자리한 사찰로, 신라 경문왕 때 도의선사가 세웠다고 전해진다. 당시 이름은 백련사였는데 규모가 매우 커서 일주문이 3km나 떨어져 있었다고 한다. 조선 인조 때부터 절 이름도 송광사로 바꾸어 불렀다. 전라남도 순천시 송광면에 있는 승보사찰 송광사와 한자까지 같다. 대웅전 부처님은 나라의 큰일이 있을 때마다 땀을 흘린다. 분위기가 아늑하고 봄이면 진입로부터 약 2km에 걸쳐 펼쳐지는 벚꽃이 장관을 이루어 많은 사람들이 찾는다.

남원 만행산 선원사 _ 2017년 1월 6일

전라북도 남원시 도통동 만행산에 위치한 신라 천년고찰 선원사는 남원과 역사를 함께해온 전통의 비보사찰이다. 신라 875년 창건되었으며 임진왜란 때에 불탔다가 영조 때 재건되었으며 1960년대에 중창되었다. 약사전 안에 봉안된 철조여래좌상과 괘불은 중요문화재로 지정되어 있다. 남원 도심에 위치한 이점을 살려 지역민과 활발하게 소통하며 사회참여에도 앞장서고 있다.

● 충청남도

공주 계룡산 신원사 _ 2013년 12월 12일

계룡사의 산신제단 중악단이 있는 사찰이다. 신원사는 동학사, 갑사와 함께 계룡산 3대 사찰의 하나이다. 백제 의자왕 11년(651)에 보덕화상이 창건하고 그 뒤에 여러 번의 중창을 거쳐 1876년 보련화상이 고쳐 짓고 1946년 만허화상이 보수하여 오늘에 이르고 있다. 한국 산악신앙의 제단으로 중요한 의미가 있는 계룡산 중악단이 있는데 보물 제1293호다. 암자로는 고왕암, 등운암, 선광원, 소림원, 불이암, 금용암 등이 있다.

서산 상왕산 개심사 _ 2014년 9월11일

아름다운 자연미가 살아 있는 도량이다. 마음을 씻으며 마음을 열면서 오르는 길은 멋진 산길이다. 나무 그늘이 짙게 드리워진 돌계단을 따라 옆으로 계곡이 흘러 운치가 있다. 개심사의 창건은 백제시대이다. 안양루에 걸린 상왕산 개심사라는 현판은 근대 명필로 알려진 해강 김규진의 글씨이다. 심검당은 굽은 나무를 그대로 건물에 사용해 그 자연스러운 모습이 인상적인 건물로 개심사에서 이곳이 가장 오래된 건물이다.

서산 도비산 부석사 _ 2015년 8월 6일

의상대사와 선묘낭자의 전설이 머무는 도량이다. 백제 의자왕 11년(651) 혜감국사가 창건하고 개원사라 하던 것을 처능선사가 중창하며 개심사로 고쳤다. 도비산 기슭에 자리 잡고 있는 부석사는 도지정문화재 제195호인 사찰이다. 신라 문무왕 17년(677)에 의상대사가 창건하고 그 뒤 무학대사가 중건하였다. 이 사찰에는 극락전, 요사채, 신검당, 안양루 등이 있으며 불상은 아미타불을 주불로 하여 관세음보살, 대세지보살, 지장보살 등 8좌의 불상이 안치되어 있다.

천안 광덕산 광덕사 _ 2015년 12월 19일

우리나라에 최초로 호두나무를 심은 곳이다. 광덕사를 찾아가는 길은 호젓한 풍광으로 절을 찾는 이의 마음을 편안하게 달래준다. 광덕산에 자리 잡은 광덕사는 신라 흥덕왕 7년(832)에 진산화상이 창건했다. 개창 당시에는 금당이 아홉에 종루가 여덟, 이층 범각과 삼층 법전이 있는 충청·경기 지방에서 가장 큰 절이었다고 한다. 절의 땅이 광덕면을 다 덮었고 28방 89암자가 있어 광덕산에는 골짜기마다 독경소리가 끊이지 않을 정도였다.

예산 금오산 향천사 _ 2016년 7월 8일

백제 의자왕 16년(656)에 의각선사가 금오산 향로봉 아래에 창건한 사찰이다. 임진왜란 당시 화재로 전소되었다가 멸운대사에 의해 중건되었다. 지눌선사가 당나라에서 가져와 안치했던 3,053기의 과거와 현재, 미래를 의미하는 불상 가운데 1,516불이 남아 있다. 자연석을 가공해 만든 당간지주와 9층 석탑이 있다. 임진왜란 당시 승군을 조직해 금산전투에 참가했던 멸운 대사의 부도와 의각선사 부도는 조각이 정교하다. 천불선원에는 죽비소리가 끊이지 않는다.

● 충청북도

2013 충주 세계조정선수권대회 성공기원 _ 2013년 5월 26일

충주시 중앙탑 공원에서 네팔 룸비니 동산에서 이운해 온 평화의 불을 모시고 2013 충주 세계조정선수권대회 성공을 기원했다. 선묵혜자 스님과 전국에서 모인 불자들, 108산사순례기도회원 3천여명과 충주시민은 국보 6호인 충주 중앙탑을 돌며 정성껏 두 손을 모았다. 108산사순례기도회는 2018평창 동계 올림픽과 여수 세계엑스포 박람회를 비롯해 국가의 큰 행사가 있을 때마다 현지를 방문해 성공을 기원하는 법회를 열어왔다.

영동 천태산 영국사 _ 2013년 6월 20일

천태산 동쪽 기슭에 자리 잡고 있다. 일대의 산지와 금강 줄기가 어우러져 엮어내는 양산팔경 가운데 하나로 꼽히는 풍광 좋은 산사다. 영국사까지 가는 길은 바위 좋고 물 좋고 바람 좋은 산길이다. 큼직하고 시원시원한 바위들 사이로 풍부한 물소리를 들으며 올라간다. 큰 미끄럼바위를 타고 내려오는 삼단폭포는 눈과 귀를 씻어 준다. 천연기념물 제223호이며 수령이 500년쯤 된 은행나무의 높이는 자그마치 20m에 이른다.

괴산 낙영산 공림사 _ 2013년 9월 12일

탄성스님의 중창불사 원력이 살아 있는 도량이다. 낙영산에 있는 사찰로 신라 경문왕 때 자정국사가 창건하였다. 자정국사는 국사의 지위를 사양한 뒤 그곳에 초암을 짓고 살았다. 스님의 덕을 추모한 왕이 절을 세우고 공림사라는 사액을 내렸다고 한다. 조선 함허선사가 명산대천을 두루 돌아다니다가 폐사가 된 이 절에 이르러 중창하였다. 공림사에는 20여 그루의 고목군락이 희디 흰 바위산인 낙영산과 어울리며 운치가 한결 깊어진다. 기도가피가 유명한 사찰이다.

증평 임진왜란 800의승 천도재 _ 2013년 9월 12일

임진왜란 때 금산벌에서 왜군과 맞서 싸우다 모두 장렬히 전사한 800명 승병을 기리는 추모행사가 열렸다. 임진년에 800의승은 나라를 구하기 위해 승병을 결성해 청주성 전투에서 대승을 거두었다. 하지만 금산벌에서 병력과 무기의 열세를 극복하지 못하고 모두 장렬히 전사하는 비운을 맞게 되었다. 800의승 명예회복과 의총회관 건립불사로 열반에 드신 스님들의 넋을 위로하고 왜곡된 역사를 바로잡고자 800의승 위령천도대재를 봉행했다.

충주 월악산 미륵세계사 _ 2015년 1월 8일

신라의 마지막 왕자인 마의태자가 금강산으로 들어가던 중 이곳에 절을 창건하여 머물렀다. 신라가 멸망하자 마지막 임금 경순왕의 아들과 딸인 마의태자와 덕주공주가 망국의 한을 품고 금강산으로 들어가려고 먼 길을 떠났다. 금강산으로 가던 도중 월악산 기슭에 다다른 남매는 각기 덕주사와 미륵사를 세운다. 덕주사를 창건한 덕주공주는 남향의 바위에 마애불을 새겼고, 미륵사를 세운 마의태자는 불상을 북쪽으로 두어 덕주사를 바라보게 하였다.

괴산 보개산 각연사 _ 2015년 9월 17일

신라 법흥왕 때에 유일대사가 터를 잡고 절을 지으려 했다. 재목 다듬는 공사를 하는데, 까마귀 떼가 날아들어 쉬지 않고 대팻밥과 나무부스러기를 물고 어디론가 사라졌다. 이상하게 여긴 유일대사가 따라가 보니 현재의 각연사 터 연못에 대팻밥이 떨어져 있었다. 들여다보니 연못 안에 돌부처님 한 분이 계시고 그 부처님 몸에선 광채가 퍼져 나왔다. 부처님을 뵙고 유일대사는 크게 깨달은 바가 있어 못을 메우고 그 자리에 절을 세웠다.

청주 낙가산 보살사 _2016년 12월 9일

청주시 남동쪽의 낙가산 중턱에 자리 잡고 있는 보살사는 청주시 근교에
서 가장 오래된 절이다. 법주사를 창건한 의신대사가 창건하였다. 진표
율사의 제자 융종화상이 중창했고, 고려 태조의 5번째 아들이자 당대의
고승이었던 증통대사가 중창을 했다. 예스러운 주춧돌을 딛고 선 극락보
전은 앞쪽으로 세 칸, 옆으로는 두 칸인 아담한 전각(殿閣)이다. 왼쪽 벽
의 첫 번째 기둥은 느티나무, 두 번째는 싸리나무, 세 번째는 칡나무, 네
번째는 박달나무라고 한다. 도시를 지척에 두었으나 산사의 낭만을 지니
고 있다.

● 해외

중국 감숙성 난주 보은사 _ 2013년 4월 27일

평화의 불은 부처님 탄생 성지 네팔 룸비니 동산에서 채화된 평화의 불
이 카투만두를 떠나 중국 티베트를 거쳐 중국 난주에 도착했다. 보은사
에 도착하자 수천 명의 불자들과 사람들이 나와 평화의 불을 환영했다.
보은사에 평화의 불을 분등하고 스촨성에서 발생한 대규모 지진 희생자
들을 추모 했다. 뜻하지 않은 지진으로 수많은 희생자들이 생겨나자 그
들을 위로하고 생존자들을 돕기 위해 법회를 연 것이다.

중국 감숙성 천수 길상사 _ 2013년 4월 28일

어머니의 강 황하가 시작되는 곳에 위치한 사찰이다. 선묵혜자 스님은
건강이 악화돼 휠체어를 타고 이동하면서도 평화의 불을 손에서 놓지 않
았다. 라싸에서는 고산증의 고통을 겪어야 했다. 청장열차로 거얼무까지
이동, 다시 승합차로 둔황을 거쳐 중국 난주 보은사, 천수 길상사, 시안
법문사에서는 평화 기원 법회를 가졌다. 이후 한국 임진각에서 '분단의
벽을 넘어 평화를 꿈꾸다'라는 법회를 봉행했다.

중국 섬서성 서안 법문사 _ 2013년 4월 29일

중국 황실사찰로 세계 9대 기적인 불지사리가 봉안된 곳이다. 한국전쟁
정전 60주년 기념 한반도 평화 대회를 앞두고 중국 서안 법문사에 평화
의 불 분등하고 스촨성 대지진 희생자 천도법회와 평화 정착을 기원했
다. 법문사와 도선사는 2006년 지골사리 한국 이운 법회를 봉행한 인연
으로 8년 째 도선사와 꾸준히 교류를 이어 온 형제 사찰이다. 이날 법회
는 양국의 교류가 세계 평화를 발원하는 뜻깊은 법석이 됐다.

중국 산시성 오대산 벽산사 _ 2016년 5월 23일

중국 문수성지 오대산 벽산사에서 평화의 불 분등식을 거행했다. 평화의 불은 108산사순례기도회 순례 동안 전국 사찰에 분등을 하며 남북통일과 세계평화를 기원한 의미 있는 불이다. 오대산 벽산사 분등은 중국 사찰에서는 4번째 사찰에서 밝히는 평화의 불이다. 벽산사는 중국 명나라 때 창건된 사찰로 오대산에서 스님들이 계를 받는 계단이 설치돼 있는 유서 깊은 선찰로 현재도 오대산 유일의 총림의 위상을 가지고 있다.

미얀마 양곤 쉐다곤 사원 _ 2016년 11월 22일

양곤 시내 신구따라 언덕(Singuttara Hill) 위에 있는 쉐다곤 사원은 웅대한 탑 형태의 파고다로, 오늘날 미얀마에 현존하는 가장 위대하고 인상적인 불교 파고다로 손꼽히고 있다. 'Shwe'는 금(Golden)을 의미하므로 쉐다곤 파고다는 '금으로 된 다곤의 불탑 사원'이라는 뜻을 지니고 있다. 2500년 전 가우타마(Gautama) 부처 생존 시, 미얀마 상인이 8개의 부처님 성발(머리카락)을 얻어 와 이곳에 안치한 후 불탑을 건립하였다. 초기의 쉐다곤 파고다는 약 20미터에 불과했으나 계속 증축되어 현재의 높이는 98미터에 이른다. 불교의 나라 미얀마의 상징이자 미얀마 불교의 전통을 한눈에 볼 수 있어 일 년 내내 참배자들이 끊이지 않는 곳이다.

미얀마 양곤 야자조 사원 _ 2016년 11월 22일

미얀마 양곤에 위치한 야자조 사원은 한국 불교계와의 교류가 꾸준한 곳이다. 미얀마 종교성의 큰스님 와니따 스님이 방장으로 있으며, 스님 100여 명이 불도에 정진하고 있다. 집안 사정이 어려워 학교에 다니지 못하는 학생 1500여 명을 무료로 교육하고 있는 인재불사의 현장이기도 하다.

책을 마치며

현재 '선묵혜자 스님과 마음으로 찾아가는 108산사순례기도회'는 세계 각국과 대한민국의 사찰 및 주요 장소에 평화의 불을 분등하고 있다. 화해와 평화를 기원하며 많은 사람들에게 평화의 불의 의미를 전하고 평화를 한반도 곳곳에 나눠주고 있다.

앞으로 '남북화해와 평화 정착을 위해 평화의 불을 밝히다'라는 슬로건으로, 남북한 불교계가 공동으로 복원한 금강산 신계사를 비롯 북녘의 보현사, 광법사, 성불사 등 주요 사찰에 평화의 불을 밝히고 남북화해와 평화를 기원하였으면 한다.

그리고 남북의 분단 철책선 155마일 33곳에 평화의 불을 밝히고자 한다. 서해안 백령도에서 강원도 간성 전망대까지 평화의 불을 수놓으며 남북의 평화와 통일을 발원하고자 한다. '평화의 길'을 따라온 간절한 염원이 저 북녘 땅에도 전해지기를 바란다.

또한 '선묵혜자 스님과 마음으로 찾아가는 108산사순례기도회' 회원들과 불자들의 원력으로 평화의 불을 자연재해, 전쟁, 기아, 테러, 갈등 등이 벌어지고 있는 세계 곳곳에 평화의 불을 봉안하여 부처님의 근본사상인 평화사상을 정착시키고 소통과 화합의 그 다리를 놓았으면 하는 마음이 간절하다.

108평화보궁 수락산 도안사에서

禪默 慧慈

촬영 후기

한 권의 도서를 기다리고 있다. 도서를 받으면 한동안 그 도서를 펴지 못하고 물끄러미 바라보기만 할 것이다. 촬영에 응하여 주신 선묵혜자 스님에 대한 고마움과 촬영에 도움을 준 분들에 대한 감사의 마음으로 힘들고, 어려웠던 순간들과 촬영하면서 만난 진한 감동을 준 사람들을 생각하면서…….

2013년 한국전쟁 정전 60년을 맞아 1,300년 전 혜초 스님이 첫 설렘을 안고 떠났던 '구법(求法)의 길'을 따라 한국의 선묵혜자 스님은 평화와 통일의 염원을 안고 다시 평화의 불을 안고 '평화(平和)의 길' 개척에 나섰다.

한국전쟁 정전 60주년을 맞아 KBS TV 특별기획 다큐멘터리 '룸비니에서 DMZ까지 평화의 불을 수놓다'가 전국에 방영을 위해 팀이 꾸려지고 한 달여간을 동행 촬영을 했다. 현장 스님과 혜초 스님 그리고 수많은 구법승들이 걸었던 '구법의 길'을 따라 2만 km를 '평화의 길'을 개척하며 평화의 불이 이운(移運)되는 과정을 한 달이 넘게 촬영을 하였다.

선묵혜자 스님에게서 평화의 불이 남북한 대치상황의 골이 깊어짐을 평화적으로 해결하고자 하는 원력을 느낄 수 있었다. 그래서 촬영팀은 부처님의 자비사상과 원융화합(圓融和合)을 평화의 불로 담보해 내려 했다. 선묵혜자 스님이 이 평화의 불을 세계 곳곳에 봉안함은 마음에는 평화를, 사회에는 소통을, 국가에는 안정을, 지구촌에는 평화를 기원하고, 불국정토(佛國淨土)가 이룩되기를 기원하고자 함이다.

《발길 닿는 곳곳마다 평화의 불 수놓다》이 도서를 많은 이들에게 보여주고 싶다. 이유는 많다. 하지만 신정 최우선으로 바라는 것이 있다. 정말로 많은 이들이 이 도서를 보고 평화를 원하는 곳, 평화가 있는 곳, 평화가 가야할 곳이 어디인지를 알았으면 한다. 그리고 이들에 대한 인식을 뿌리째 바꾸길 바란다. 이들이 진정으로 평화로워지면 그 이웃이 평화롭고 이 나라가 평화로워질 것이라고…….

한 달여간의 촬영을 통해 많은 것을 느끼고 배웠다. 선묵혜자 스님의 간절한 염원, 평화의 불 이운 과정에 함께 했던 사람들의 간절한 소망, 곳곳에서 만난 사람들이 갈구하는 평화, 평화의 불을 이운과 분등(分燈)하는 의미 등을 깨달을 수 있었다. 이렇게 하나 된 마음으로 편집된 '룸비니에서 DMZ까지 평화의 불을 수놓다'라는 특집기획 다큐멘터리는 KBS TV에서 재방송까지 되고 우수프로그램 상까지 수상하게 되었다. 이제 이 전 과정이 한 권의 책으로 나온다. 촬영에 도움을 준 동방문화대 차차석교수님, 정동수 도선사총무국장, 임병화 불교신문국장, 이지훈 스카이픽쳐스프로듀서, 남유진 KBS 작가님에게 진심으로 감사드린다.

KBS 한국전쟁 정전 60주년 특집
'룸비니에서 DMZ까지 평화의 불 수놓다' 다큐멘터리 팀 일동